ISBN: 978-1499771954

asnf
2/17

Diseño: Pablo Brouwer

Alexandria Library, Publishing House

Fotos: Archivos de Frank Gonzáles y el autor

Este libro puede adquirirse en Amazon.com

www.alexlib.com

Carlos Achang López

Anécdotas de la radio en Vueltabajo

Alexandria Library

MIAMI

A mis hijos y nietos.

A Francisco Martínez Rodríguez, "Panchito",
pionero de la radiodifusión vueltabajera
Adalberto Cabrera," El Cuate"
Carlos Manuel Serantes
Armando García Otero
Carlos Naya," El Chino"
Juan Antonio Rodríguez Medero
Mario Robaina
José Escobar Delgado
Abilio Guerra
Luis Mujica Díaz y Ramón Rodríguez Corona,
entre los primeros locutores. A todos los que han hecho
posible la radio pinareña, en sus 75 años de existencia,
protagonistas y narradores por excelencia de estas anécdotas.

Índice

Aclaración

"Anécdotas de la Radio en Vueltabajo", fue escrito en Pinar del Río, provincia más occidental de Cuba, durante el verano del año dos mil cuatro, cuando aún su autor formaba parte del colectivo de "Radio Guamá", emisora que transmite desde ese territorio en frecuencia modulada y por los 990 Mhz, FM.

El autor, estimó conveniente, no hacer cambios en el libro, aunque haya transcurrido más de una década de haber finalizado el anhelado proyecto. Así decidió mantenerse como protagonista, a pesar de estar ya fuera del medio, en aras de conservar, la veracidad, fluidez y frescura con el que fue concebido.

A los lectores

El libro, "anécdotas de la Radio en Vueltabajo", satisface un proyecto acariciado desde hace tiempo por su autor, estimulado y apoyado además, por los trabajadores de "Radio Guamá", muchos de los cuáles han sido "retratados" en él.

Recogemos aquí, hechos simpáticos o curiosos, ocurridos en la radio pinareña, casi desde su creación en el muy lejano año 1931.

Cómo es lógico suponer, sería imposible incluir en este volumen, todas o la mayoría de las anécdotas acaecidas, desde los inicios a la fecha, unas olvidadas ya, y otras que han quedado fuera, por distintas razones, pero aún así, vale la pena el esfuerzo.

Por boca de sus protagonistas, o testigos presenciales, recogimos lo que narramos en el libro, en otras fuimos partícipes.

A la hora de compilar las anécdotas, no estimamos fundamental, establecer un orden cronológico, ya que el objetivo principal era, el de dar a conocer el hecho en cuestión, aunque sí respetamos en lo posible, los lugares, emisoras, y fechas aproximadas en que estas ocurrieron, así como el entorno que las propiciaron.

Quizás nos hayamos extendido un poco al narrar alguna que otra situación, pero lo hicimos con todo conocimiento de causa, teniendo en cuenta que el volumen está dirigido a un público general y no solamente, a especialistas o trabajadores

11

del medio. Así nos adentramos en algunas interioridades en el funcionamiento de cualquier planta radial, necesarias para una mejor compresión de los lectores.

Desde los mismos inicios, contamos con la total colaboración y apoyo de los que, de alguna manera, estuvieron involucrados en las anécdotas, aún cuando en muchas de ellas, son colocados en situaciones penosas o cómicas, pero sin dudas difíciles, como profesionales del medio radial.

Resumiendo, nuestro principal propósito ha sido, rescatar para la historia de la radio pinareña, hechos jocosos, acaecidos en sus años de existencia, y que al contarse de forma oral, de generación en generación, corren el riesgo de diluirse en el tiempo, además de hacerles pasar un rato entretenido con la lectura del libro. Si lo logramos, nos sentiremos plenamente satisfechos.

El autor

Prólogo

No se puede escribir la Historia de la Radio en Pinar del Río sin hablar de Carlos Achang López, o simplemente El Chino, o El Chino Achang, nombre por el cual lo conocemos sus amigos. Más de 30 años de trabajo en la Emisora Provincial de Radio avalan su trayectoria en la cual ocupó las más disímiles posiciones: escritor para espacios radiofónicos, periodista, y director de programas.

El Chino Achang como escritor tributó con su talento para espacios estelares como el de la Novela Cubana, seriales policiacos, El Cuento, Estampas Históricas, Y Aventuras entre otros.

Y distinguen su obra como periodista valientes reportajes sobre la temática de los famosos "excluibles" que le valieron premios nacionales y el más alto reconocimiento social.

Como director, el programa Reencuentro de la Emisora Radio Guamá fue un fraterno contrincante del famoso "Nocturno" de Radio Progreso y es difícil que haya un pinareño de esa época que no lo tenga en su memoria.

En lo personal lo recuerdo dirigiendo la Radio Revista Informativa Entorno A, donde siempre asumió una conducta transgresora, alejada de ocultar la verdad, y en función de los deseos reales de la audiencia.

Son numerosos los premios nacionales que mereció a lo largo de su carrera como realizador radial, la mayoría de ellos otorgados en Festivales con jurados muy celosos a la hora de seleccionar o distinguir una obra en concurso.

Y sin embargo, a pesar de tanto mérito, Achang vuelve a la carga y nos sorprende con su libro Anécdotas de la radio en Vueltabajo, el cual leemos entre sonoras carcajadas y siempre con la sonrisa a flor de labios.

Creo sea prudente decir que esta obra –como todo lo bueno-, tiene también su cuota de dolor, porque El Chino tocó en Cuba en muchísimas puertas sin éxito para verla publicada en letra impresa.

Y debo aclarar además que en este ingenioso anecdotario no hay una ofensa contra nadie, sino el más respetuoso reconocimiento a quienes hicieron posible que floreciera la cultura radiofónica en Pinar del Río.

Por sus páginas desfilan personalidades relevantes del medio radial: Elina Pelegrí, Jesús Benítez, Nicolás Martínez, Felo Suárez, Santiago Otero, Segundo Pérez, Eliecer Valdéz, José Escobar, y muchos más.

Pero –y es lo que más me gusta--, también se encuentra espacio para hombres y mujeres de nombres menos encumbrados como puede serlo un custodio despistado o una fonotecaria con avanzada miopia.

Anécdotas de la radio en Vueltabajo no es un libro de humor, aunque reitero que es difícil leerlo sin reír. Pero más importante aún: su lectura nos enriquece como seres humanos y nos ayudará a ser mejores persona.

Los caballos de Cholito, Dinero con semilla, y Reloj despertador, son a manera de ejemplos capítulos con moralejas tan aleccionadoras que se convierten en verdaderos tratados de crecimiento personal.

Escrito en un lenguaje coloquial, directo, sin utilizar términos poco conocidos, este libro sobre la Historia de la Radio en Pinar del Río rompe décadas de silencio sobre tan popular medio de comunicación.

Y digo Historia con toda intención, debido a que estas vivencias recopiladas por Carlos Achang López nos dicen mucho más que cualquier tratado de sociología de cómo fue la vida en la Cuba de la década del cincuenta del pasado siglo hasta nuestros días.

Quizás por decir la verdad de cómo ocurrieron los acontecimientos, la presente obra no haya sido publicada en su país de origen. De ser así, quienes no supieron ver su grandeza perdieron la oportunidad de la vida.

Debo decir que tuve el privilegio de conocer a muchos de los protagonistas del presente libro, incluyendo a su autor, y es de entender que su lectura me ha servido para volver a vivir mis muchos años en la radio en el sentido más literal.

Y lo digo para aseverar también que en estas líneas no hay alabanza gratuita. A Carlos Achang López solo se le puede señalar dejarnos con ganas de seguir leyendo.

Bienvenidas sean entonces en nuestro entorno estas anécdotas, un verdadero canto a la profesión y a la esperanza por una mejor radio en cualquier latitud del mundo.

Luis Manuel Ávila Fernández
Ciudad de Hialeah, mayo de 2014

Locutor de locutores

Cuando nos propusimos escribir "Anécdotas de la Radio en Vueltabajo", y lo comentamos con varios de los compañeros de trabajo, más viejos, en activo o jubilados, discrepamos en varias cuestiones como, fechas, veracidad de algún relato, ubicación en tiempo y espacio, paternidad de las mismas, si fue fulano o mengano el que las originó, y en otros asuntos de mayor o menor relevancia para lo que pretendíamos contar, pero en lo que sí todos estuvimos de acuerdo por unanimidad, es que el libro, no podría realizarse, sin mencionar, a alguien que estuvo entre los pioneros de la radio pinareña. Este personaje, oriundo del poblado rural de Río Seco, en el tabacalero municipio de San Juan y Martínez, fue —y lo decimos en pasado porque ya falleció—, portador de una agradable y potente voz, él no trasciende en la historia de la Radio Vueltabajera por su excelente labor detrás del micrófono, pues aunque, enamorado de su profesión —llegó a pertenecer al antiguo Colegio Nacional de Locutores— adolecía, como era bastante frecuente en aquellos años, del nivel cultural elemental, que le permitiera una mejor comunicación con sus oyentes. Eso sí, era osado y valiente de verdad. Le gustaba a la audiencia pinareña.

A fuerza de atrevimiento, voluntad, mucho coraje, y también por sus dislates ante el micrófono, ocupó y ocupa un lugar privilegiado, en la historia de la radio en la más occidental de las provincias cubanas.

Las quinientas "yeguas" de Carrillo

Esto que les contaré, ocurrió a principios de los años sesenta, de la pasada centuria, no precisa de exactitud ni aproximación en la fecha. Se encontraba, Pérez Carrillo, transmitiendo un boletín en el espacio "Noticiero de la Cadena Occidental de Radio". Leía la siguiente información, sin apenas revisarla y a primera vista.

—Destacado trabajo de los cooperativistas de la comunidad "Hermanos Saíz" de San Juan y Martínez. Sobresale por su labor el campesino, Gregorio Acosta García, que logró en sólo siete días, recolectar quinientas yeguas, que se utilizarán en…

Y ahí mismo se detuvo el locutor, como fulminado por un rayo, al ver los gestos del operador de sonido, que detrás del cristal de la cabina, le hacía las veinte mil "murumacas" y señales, para que rectificara el texto recién brotado de su "culta" boca.

La salida que éste trató de darle a tan soberana metedura de pata, no hizo otra cosa que empeorar aún más la situación. Soltó una sonrisita sarcástica, alisando el papel entre sus delgadas manos y…

—Ja, ja, ja ¡vaya que sí!, es verdad lo que me dice mi amigo el operador de audio, no son quinientas "yeguas" las que acopió el tal Gregorio, sino quinientas yaguas —y como aclarando después para que no quedaran dudas de que había rectificado

19

su error. —Sí claro que son yaguas, de esas que se usan para amarrar los tercios de tabaco que cará.

Hasta ahí todo correcto diríamos nosotros en la actualidad. ¡Qué talento y rapidez para la enmienda y la improvisación! ¡Pero luego sí acabó!

Con mucho aplomo y sangre fría, concluyó, releyendo el papel que aun sostenía en una mano.

—¿Quinientas? Je, je, je ¡Ya me parecían a mi muchas "yeguas", para un solo campesino, si señor!

¡Que enredo con la Riverside!

En la radio moderna o actual, como prefieran llamarle, sucede con frecuencia, que a la mayoría de los artistas, incluidos los locutores, los encasillamos, por acomodamiento, facilismo o ¡qué sé yo!, en diferentes géneros o programas, Así tenemos que se escuchan en los pasillos u oficinas de la emisora, comentarios como estos.

—"Benítez tiene voz informativa". Sin tener en cuenta que el susodicho locutor, también puede trabajar, porque condiciones tiene para ello, en espacios musicales, en vivo, o dramatizados por citar solo unos ejemplos.

—"Para la Discoteca, Carmita, y para los infantiles, Yunieska, la hija de Tony Suárez".

Así vamos ubicando a los locutores, locutoras, o artistas, de acuerdo al gusto o favoritismo del que dirige. El resultado es que ellos sin proponérselos o con pleno conocimiento, se adueñan de los diferentes espacios de la emisora. En esto tiene mucho que ver el director, que por supuesto es el que escoge al elenco o conductor.

Pero años atrás, en los albores de la Radio, y cuando no existía la "explosión demográfica radial", —en una planta, laboraban a lo sumo diez o doce trabajadores—, esto no funcionaba así. El locutor asumía, no sólo cualquier tipo de programa, sino también unos y otros oficios.

Los locutores eran a su vez, escritores, directores, y operadores de audio o sonido, verdaderos "hombres orquesta".

Había que "morder el cordobán" en cualquier tarea o como dice una canción de moda por ahí, ¡pá fuera, pá la calle!

Segundo Pérez Carrillo también fue uno de esos "hombres orquesta" en la radio pinareña.

Presentando a una famosa agrupación en el espacio "Discoteca", se confundió ¡y de qué manera! al anunciar con tono altisonante para que lo oyeran bien...!

—Les presento ahora a la orquesta "Riverside", con un número que compuso su director, Tito Gómez. Cantando Pedro Vila...

Y volvieron las señas tras el cristal del operador.

—Este... vaya... no entiendo —Se "limpió la garganta" Pérez Carrillo una y otra vez tratando de "coger la seña" del operador-director. Luego prosiguió.

—Pues sí,... les decía que Tito Gómez es el director, y Pedro Vila... No, mejor dicho, canta Pedro Vila.

Y continuaba Pérez Carrillo sin poder desenredar la madeja. Seguía sin entender, y para ponerle punto final a la situación, agregó este magistral bocadillo digno de figurar en los "archivos" de la radio a nivel mundial.

—Bueno, realmente no importa si es Pedro Vila el que canta, o Tito Gómez el director. Lo que le interesa a nuestros queridos oyentes, es que hay uno que canta y otro que dirige, en esta famosa orquesta. Para el caso es lo mismo. Les decía que uno canta y otro dirige, en este éxito que interpreta la orquesta "Riverside". "Güempa".

Y ni siguiera el título de la melodía de moda, pronunció correctamente, pues le suprimió la diéresis a la letra u.

¡Tremenda palabrita!

Del locutor Segundo Pérez Carrillo pudiéramos estar contado días, semanas, meses, incluso años, pero como en "Las mil y una noche", nunca llegaríamos al final. Es tan extenso y rico, el anecdotario del susodicho personaje, que no alcanzarían todos los libros del mundo, para narrar su trayectoria en la radio vueltabajera. Escribiremos, solo dos breves anécdotas más sobre Carrillo.

Los colectivos de programas radiales, han cobrado tanta fuerza, que si usted no asiste a él por causa injustificada, ahí mismo se ganó una rebaja del 25 por ciento de su salario y ¡Vaya a protestar al parque! Sin duda, son importantes estos colectivos pues en ellos se discuten todos los aspectos relativos a la preparación y realización exitosa de un buen programa radial.

Locutores, operador de sonido, periodistas, asistente, director y asesor, pueden integrar, el colectivo de cualquier programa hoy en día. Pero hace muchos años, esto no funcionaba así, "el colectivo" lo conformaban generalmente, el operador de audio y el locutor y... ¡se acabó, paren de contar que no hay dinero para pagar!

Laboraban en esta ocasión en la Cabina de "Cadena Occidental de Radio", Segundo Pérez Carrillo, como locutor y Jesús Benítez Rubio, de quien contaremos más adelante, como operador de audio o sonido. Se radiaba un espacio con música mexicana, muy en boga en aquella época, y que además estaba en la preferencia de los oyentes. Este programa nombrado, "Rancho Mejicano", salía al aire de ocho, a nueve de la mañana toda la semana, excepto los domingos.

Era habitual en los años cincuenta y también en la década de los sesenta, que no se confeccionara un guión para la realización de cualquier espacio radial, sobre todo de corte musical, muchas veces, ni siquiera existía relación previa, con los números que se iban a transmitir. Los seleccionaba sobre la marcha el operador, Casi todo el espacio dependía de la improvisación, y por supuesto, en ello tenía mucho que ver la habilidad y el talento del locutor. Al menos sucedía así en Pinar del Río, y me imagino que también en la mayoría de las plantas provinciales o territoriales.

Jesús Benítez ponía el disco en "el plato" y acto seguido le alcanzaba la carátula del mismo a Pérez Carrillo, para que anunciara el número que ya se encontraba "AL AIRE". Así fue como un "buen día", a Benítez se le ocurrió, jugarle una broma pesada a su compañero de cabina.

Colocó Benítez el long play en el tocadiscos y comenzó a surcar el éter vueltabajero una bonita y pegajosa melodía mejicana. Estiró el brazo derecho, Pérez Carrillo en busca de la portada del disco, que ya, "servicial y diligente" el operador le alcanzaba y casi cantando, haciendo un esfuerzo caricaturesco para imitar el acento del hermano pueblo azteca, anunciaba:

—Están ustedes escuchando, un bonito "huapango" mejicano, que interpretan, "Los Indianos". Su título: ¡Paran… ga… ri… pa su madre! Continuaba, "AL AIRE", la potente voz de Pérez Carrillo.

—Paran… gari… cuti…

Y mirando fijamente para Benítez, con cara de "carnero degollado" preguntó, casi rogó.

—Neno, ¡por tu madrecita! ¿Qué dice aquí?

El operador, que le había hecho con toda intención "la gracia", al querido locutor, fingió no escuchar y se desentendió mirando para la disquera.

Pérez Carrillo concluyó:

— Bueno, son Los Indianos en "Parangari...cu....ti...ri.... ja,ja,ja.

¡Caballeros, este Benítez tiene cada cosa!

El "huapango" mejicano que interpretaban "Los Indianos"; y que aún conservamos como trofeo de guerra en nuestra fonoteca en su disco original se llama nada más y nada menos que."Parangaricutirimicuaro".

¡Ni leyéndolo despacio! uuffff. ¡Difícil de pronunciar! ¿Verdad?

El león de la metro

Seguramente, los que han venido siguiendo la lectura de estas anécdotas, podrán comprender, los apuros que pasaba Pérez Carrillo en la conducción de algunos espacios, sobre todo si eran de los que se transmitían con música extranjera, y especialmente con los títulos en otros idiomas, fundamentalmente en inglés.

Para fatalidad de Carrillo y de casi todos los locutores de "Cadena Occidental de Radio", —porque no era él solamente quien formaba esos embrollos—, estaban muy de moda, Elvis Presley, "Los Cometas" y muchas otras, bandas, agrupaciones y grandes orquestas, llegadas de Norteamérica.

Transcurrido algún tiempo de la anécdota que ya contamos con el "huapango" mejicano, a Segundo Pérez Carrillo le repitieron la dosis. El operador de sonido en el master era el hoy ya jubilado, Eliecer Valdés.

Conociendo las dificultades que presentaba el locutor con la lectura y pronunciación del idioma inglés, colocó en el plato, una melodía a cargo de la Orquesta de la Metro Goldwyn Mayer.

Fijó Carrillo la vista en la portada del disco que el joven operador sostenía en una de sus manos, hizo una pausa buscando concentración y...

— Ahora, por la orquesta de la "Metro... ¿uhh? ¿Cómo rayos se pronuncia esto, Eliecer?

El operador sonrió para sus adentros y haciendo un gesto con los hombros, le dio a entender que no conocía la pronunciación.

Salida "salomónica", la que, sin pensarlo dos veces, aplicó Carrillo para escapar de la embarazosa situación. Recorrió con la vista la carátula del disco y fijándose en el sello impreso con el emblema del conocido León que ha identificado a la "Metro Goldwyn Mayer", por los años de los años, pomposamente anunció: —Como les decía. Están escuchando, a la distinguidísima y muy famosa orquesta de, "El Leoncito", en "Some time, Some time".

De más está decir, que el título de la melodía lo anunció Pérez Carrillo, literalmente como se escribe ¡Adiós al mil veces vilipendiado idioma inglés!

El reloj despertador

Uno de los oficios que más responsabilidad requiere en el medio radial —sin descontar que los demás también la precisan—, es el de Operador de Audio, o Realizador de Sonido, como se le nombra hoy en día.

En el colectivo de un programa radial, sobre todo si se transmite "en vivo", hay dos elementos que deben ser extremadamente celosos y exigentes a sí mismo con la puntualidad, ellos son, el operador y el locutor, especialmente si este último se desempeña como conductor o guía del espacio en cuestión.

Puede darse el lujo de llegar retrasado a la emisión cualquier otro componente del colectivo, incluso el Director si dejó listo y encaminado su trabajo, los demás se las arreglarán de alguna manera para que el programa salga "AL AIRE", con mayor o menor calidad de la emisión. La ausencia o llegada tardía de un realizador de sonido o locutor en un programa "en vivo", siempre trasciende los límites o fronteras de la emisora. En el caso del locutor, los oyentes se han adaptado a escuchar en el programa su voz. Los cambios lógicos por vacaciones, enfermedad, o cualquier otro motivo, que lo alejen aunque sea un solo día del micrófono, pueden resultar fatales, y dar al traste con la cantidad de oyentes que se mantendrán en sintonía con la emisora. Peor aún sucede cuando la planta radial tiene señalado un horario determinado para comenzar la transmisión, y por alguna situación imprevista, sale "AL AIRE", más tarde que lo habitual por causa del Operador.

Para finalizar, digamos que, los horarios de los programas, "Ginger", "spot", cambios, o promocionales, son de obligatorio cumplimiento, pero aún lo es más el de apertura o cierre de la planta que tienen que ser inviolables.

En la actualidad, las emisoras provinciales del país, transmiten durante 24 horas, las municipales, en su gran mayoría, por no decir que todas, tienen hora de apertura y cierre señalados.

Al operador de audio y grabador, Eliecer Valdés lo recordamos con mucho cariño en "Radio Guamá", por su responsabilidad ante el trabajo, y carácter dicharachero y jodedor. Siempre tiene un cuento a flor de labios, Eliecer disfruta de su jubilación.

Fue en el año 1955 cuando Eliecer, siendo apenas un adolescente, comenzó a trabajar como operador de audio en la emisora CMAR, que se identificaba como "La Emisora del Oyente", ubicada en el Circuito Comercial, "El Globo".

Resulta que unas veces por estar trasnochado y otras por quedarse rendido como un lirón, Eliecer comenzó a presentar problemas con sus llegadas a la pequeña emisora. Esta planta abría a las seis de la mañana, siempre y cuando no le tocara el turno a Eliecer. Si cubría el turno del medio o el del cierre, por lo general relevaba tarde, provocando el berrinche de "Felo" Suárez y demás operadores, que a pesar de todo, en gesto solidario, no le iban con el "bocinazo" al dueño de la emisora.

Tanto fue el cántaro a la fuente, hasta que se le rompió a Eliecer.

Columbio Rodríguez, el dueño de la emisora, llegó bien temprano en la mañana, para esperar al muchacho.

—¿De nuevo tarde, Eliecer? —preguntó el dueño, dejando entrever una sonrisa irónica en sus delgados labios.

—Este... mire... yo puedo explicarle... es que anoche... — respondió el operador buscando una respuesta rápida y creíble que lo sacara del atolladero.

Miró Columbio su reloj de pulsera y le puso una mano encima del hombro al joven, que se sintió un poco más aliviado por el gesto amistoso de su interlocutor.

—Mira, no me vengas con explicaciones. No son necesarias. Ve para que abras la plata que ya Corona, el locutor lleva media hora esperando.

Eliecer respiró profundo, y poniendo cara de "carnero degollado" volvió a dirigirse "humildemente" al dueño de la emisora.

—Usted verá que a partir de hoy...

—Deja, deja, ya te dije que no hay problemas. Ahórrate el tiempo y las explicaciones.

"De esta parece que me escapé" —pensó Eliecer y no pudo evitar que una leve sonrisa le aflorara en los labios, pero fue solo por un momento. —Ve y abre la planta. Cuando termines el turno pasa por mi oficina, que yo te voy a estar esperando.

Un "nudo" se le hizo al joven en la garganta y un escalofrío le recorrió todo el "espinazo", o columna vertebral, para decirlo correctamente.

—Mire, Columbio, yo puedo explicarle...

—No hay nada que explicar. No te preocupes que aquí no ha pasado nada.

Anda, ve y abre la planta que el tiempo va pasando y vamos a perder el dinero de los anunciantes.

Transcurridas las siete horas de trabajo, Eliecer se presentó "puntual", en la oficina de Columbio.

—Bueno ¿Usted dirá?

—Siéntate y ponte cómodo.

Se sentó extrañado Eliecer por tanta amabilidad.

—¿Qué sucede que estás llegando tarde? Nunca relevas en hora y cuando tienes que abrir la planta, !ni hablar! ¿No te gusta el trabajo en «MI» emisora?

—¡Que si me gusta! ¡Me encanta! —contestó Eliecer, pensando en los treinta pesos que se ganaba en el mes, aun que de verdad, le gustaba el trabajo que realizaba.

—Estás incumpliendo con tu trabajo y solo quiero que sepas una cosa —puso cara de "pocos amigo, Columbio" y continuó. —Nunca he permitido "relajito" en "MI" emisora, y por supuesto, que no lo voy a permitir ahora. O te acoges a los reglamentos o pasas para liquidarte lo que te debo y se acabó. Aquí no ha pasado nada. ¿Tienes algo que decir?

—Bueno, ¿Puedo decirle la verdad?

—Pues claro que sí, para eso te cité aquí —dijo Columbio suavizando la conversación.

—Es que en mi casa no tenemos un reloj despertador. El viejo se preocupa mucho por las cosas de la casa, pero eso es así. Como él se levanta solo, sin llamarlo, a las...

—Está bien, está bien, no necesitas explicar, el viejo es mi amigo. No hay más nada de qué hablar.

Y halando para sí la primera gaveta del buró, sacó un reluciente reloj despertador, envuelto en papel de regalo con flores doradas y todo.

—Me lo imaginaba y por eso te lo compré —dijo alargando el brazo hacia el joven.

—Pero, oiga... La verdad es que me da pena con usted, yo...

—Deja, deja, no me digas nada más, no hace falta. Como ya te dije, tu padre es amigo mío desde hace una pila de años, incluso, es mi barbero preferido y siempre le doy propina, pero escúchame bien "mijito". No quiero tener que sacarte de la emisora. Coge el despertador que ya está en hora, lo puse por "Radio Reloj". Así resolvemos, de una vez y para siempre, el problema de tus llegadas tardes a la emisora.

—¿Cuánto vale el despertador?

—Llévatelo, no te preocupes, "después arreglamos eso".

Una sonrisa de satisfacción apareció en los labios del joven operador.

—Es muy amable. Se ve clarito que usted y mi padre no son amigos por gusto. —¡Cuando yo lo digo, los amigos están para ayudarse!

Y salió de la oficina con sus pasos apresurados, dándole más cuerda al reloj.

Pasaron quince días y Columbio, personalmente fue entregando los sobres a los trabajadores, con el pago del salario, en el reducido local que le servía de oficina en la CMAR, "La Emisora del Oyente".

—Toma Eliecer —alargó el dueño de la planta su brazo, sosteniendo el sobre con el salario del operador.

La sorpresa fue total.

Contó y recontó los billetes Eliecer.

—¡Óigame!— exclamó arrugando el ceño y mostrando preocupación—. Usted me perdona Columbio, pero aquí me falta dinero.

—¿Dinero? Cuenta bien, que en el sobre no falta nada. Estoy seguro de eso. Yo mismito lo conté.

—Mire, hay 28 pesos con cincuenta centavos, y yo, "desde que hablamos", no he llegado tarde a la emisora, ni he faltado un sólo día.

—¡Pero si está clarita la cuenta¡ Sé que estás cumpliendo con tu deber y eso es lo que tienes que hacer. No te falta ni un centavo. Escucha bien. Tenías que cobrar 30 pesos y yo te rebajé uno cincuenta que costó el despertador, ¿o ya se te olvidó, que mala memoria tienes, muchachón?

Y, metiéndose una mano en el bolsillo de la camisa, sacó el papel...

—Mira, aquí tienes el "vale" que me dieron en "La Sultana", te sirve de garantía.

—Yo, yo pensaba...

—Y pensabas mal, Eliecer. Es más, te puedes nombrar dichoso, porque yo soy amigo de tu padre, hace un montón de años y no te cobré "intereses "...

—¡In... in... inter... qué!

—Interés por el uno cincuenta que te presté, chico. ¿O tú pensaste que el despertador era regalado? Si hasta me tomé el trabajo de ir a la tienda a comprártelo y sin cóbrate un solo centavo. ¡Qué ingrato es el mundo Dios mío. Cuándo yo lo digo, caballeros, ver para creer! —concluyó Columbio.

Chan Li Po

Sin temor a equivocarnos, podemos decir que, el espacio radial más escuchado de todos los tiempos, con una gran repercusión en Cuba, y en toda América Latina —incluyendo la radio-novela "El derecho de nacer", del mismo autor—, lo fue, "Chan Li Po", del escritor, actor, escultor , poeta y pintor, el santiaguero, Félx B. Caignet.

La salida "AL AIRE", o retransmisión de cualquier serie en la que interviniera el sagaz y simpático detective chino, creado por Caignet, era éxito seguro en cualquier planta radial.

La fama de "Chan Li Po", fue solo comparable en nuestro país, con la del no menos mundialmente conocido, Sherlock Holmes, del escritor inglés, Sir Arthur Conan Doyle, cuyas investigaciones, poder de deducción, flema, hazañas y peripecias junto a su inseparable amigo, doctor Watson, han sido llevadas a las ondas hertzianas, desde los mismos inicios de la radio.

El pequeño detective asiático, surgió a partir del no menos conocido, Mister Chan, de las películas norteamericanas, y marcó un hito en la radiodifusión cubana.

También fue, en versión caricaturesca, o como quiera que éste apareciera, muy famoso en Vueltabajo.

Antes del año 1959, la Radio Cubana —independientemente de los valores culturales que ésta pudiera o no aportar—, era ante todo, una excelente y eficaz manera de ganar dinero para los propietarios e inversionistas, claro está.

En las plantas radiales pinareña, también "señoreó", el querido "Chan Li Po", pero en versión cómica, escrita por el ya fallecido, Reynaldo Buergo Ledesma y dentro del espacio "Carcajadas", con elevado rating de audiencia en Vueltabajo.

El programa duraba 30 minutos, y el libreto hacia honor a su patronímico de principio a fin. Las versiones cómicas de los episodios de "Chan Li Po", jugaban un papel fundamental en el espacio. Eran de hecho, el "gancho" por excelencia.

En esta ocasión, se transmitía "en vivo", desde la pequeña cabina de Radio CMAW, situada en el Paseo de la Alameda, en la ciudad pinareña, la versión cómica de la serie "La Serpiente Roja", una de las más escuchadas del genial detective, con "improvisados" artistas del patio.

No es ocioso recordar, que en la mayoría de los casos, el "multioficio", como ya hemos contado en anécdotas anteriores, estaba presente en la radio, por consiguiente, podemos deducir que un locutor, operador de sonido, o poeta como en el caso que nos ocupa, podía desempeñarse fácilmente como "actor", aunque no siempre lo hiciera con favorables resultados.

El narrador de la serie era, José Escobar Delgado. Actuaban en la escena, el también periodista, actor y locutor, Ramón (Mon) Corona y el poeta repentista, Manolo Sandino, muy conocido en Vueltabajo, y que también intentaba ganarse el "pan nuestro de cada día", como "bolo" en la CMAW. Manolo Sandino era "Chan Lí Po" y "Mon" Corona, interpretaba al personaje antagónico del muy paciente detective chino.

El narrador se encontraba en plena faena.

—"Los ojos oblicuos de "Chan Li Po", quedan fijos en los de su adversario que contrae todos sus músculos y por un momento parece que va a saltar sobre él".

—¡No tiene escapatoria Mister Donald.! ¡Usted es el asesino de Lady Ana! —dijo Manolo Sandino con voz firme y acusatoria, tratando de imitar a un chino, pero sin lograrlo, pues era la primera vez que lo interpretaba y "aquel adefesio " pronunciado a "media lengua", no sonaba a nada que se pareciera siquiera al chino, español, árabe, ruso ni al inglés. Lo que salió fue una verdadera jerigonza de palabras.

Aquí se escuchó un acorde musical muy a tono con el clímax de lo que se venía escenificando y entonces... Entonces, amigos míos, comenzó la discusión, al confundirse Corona, que saltó su "bocadillo", apropiándose sin proponérselo del que le tocaba decir a Manolo.

—¡Date preso, Mister Donald!— exclamó entusiasmado, Corona que estaba más perdido que "una pulga en el lomo de un perro peludo".

A lo que "Chan Li Po" ...digo, Manolo Sandino respondió:

—¡Oye, ese "bocadillo" es mío, Mon. Tú eres Mister Donald!

Y muy nervioso pero enfático, olvidando que estaban "AL AIRE", apostilló.

—¡Concéntrate, Corona, que nos joden los frijoles!

Pero la oportuna aclaración, fuera de libreto, no hizo otra cosa que confundir aún más al ya turbado "Mon" Corona, que seguía empecinado y "EN EL AIRE"

—¡Que tuyo, ni que "ocho cuartos", chico. Mira!

Señalaba airado con el dedo para el papel que sostenía en la otra mano.

—Lo marcaste mal, Corona. Me toca a mí. Es mioooo.

Aquello iba tomando calor, y peor aún, surcando el éter Vueltabajero y un poco más allá.

—¡Es mío, Manolo!

—¡Compadre, que no es tuyo el bocadillo!— contestó Manolo Sandino ya agotada la paciencia y al borde de la desesperación.

Pero aún así, tenían suerte. Del lado de allá, junto a sus radio-receptores, los oyentes reían creyéndolo parte de la actuación. La escenita encajaba perfectamente dada la comicidad del espacio.

Pero fue aquí, cuando Corona, se viró para Eliecer Valdés que fungía como operador - musicalizador y pronunció, entre todas aquellas "morcillas" improvisadas, la inolvidable frase.

—¡Eh! ¿Qué es lo qué le pasa al chino de mierda éste, Eliecer?

Aunque con un poco de tardanza, Eliecer cortó la transmisión.

Evidentemente, al calor de la discusión, "Mon" Corona, olvidó que la bronca era con Manolo y "se metió" tanto en la piel de su personaje, a pesar de haberse confundido de bocadillo, que le echó toda la culpa de la bronca, al bueno y simpático, detective chino, "Chan Li Po".

Francisco

La anécdota que les narraré, me la contó Rafael "Felo" Suárez Ramírez, ex-director de programas en nuestra emisora, jefe de la Redacción Musical y buen conocedor del medio radial, donde se desempeñó durante más de medio siglo, que es bastante decir.

"Felo" Suárez, como muchos de los que laboraron en la radio pinareña antes del año 1959, se inició como operador de audio o sonido, y en eso se encontraba, cuando sucedió lo que en breve les daré a conocer.

Hago la aclaración de que esta anécdota, va a ser una de las pocas, en las que hemos omitido los nombres y apellidos, de sus protagonistas, y que estuvimos meditando si incluirla o no en el libro, pues al no utilizar los nombres verdaderos, pensamos que le restamos credibilidad a las mismas. Pero me gusta y por eso la doy a conocer. Le llamaremos "Francisco". Por lo rico del suceso es que la narramos a continuación.

Fue en el año 1956, la situación en la CMAL, se puso caótica de verdad, los anunciantes, —sostén principal de la planta— en aquella época, regateaban los pagos, alegando rebajas necesarias a los precios de sus productos, que las ventas eran pocas, y no recuerdo cuántas justificaciones más, aunque en algunos casos no dejaban de tener razón. Lo cierto es que todo aquello repercutía, ¡y de qué manera!, en los bolsillos, y peor aún, en el estómago de los que trabajaban en la emisora, que en muchas ocasiones iban a laborar seis y siete horas al día casi "en blanco", o cuando menos, con el poquito de chocolate barato, y el pedazo de pan con mantequilla, que lograban comprar, en la cafetería "El Anón", situada en la calle principal de la ciudad, y famosa por el expendio de esos dos productos tan apreciados por la población.

Y parece que para "Francisco", ese día de noviembre del año 1956, la situación "pintaba" peor. Así decidió, dirigirse al administrador de la planta radial.

—Con su permiso, Moisés—, dijo humildemente parado en la puerta de acceso a la pequeña oficina.

—Sí, adelante "Francisco" —respondió el administrador, sin apenas levantar la vista de los papeles que en esos momentos revisaba.

Avanzó "Francisco" y se detuvo frente al buró.

—¿Puedo interrumpirlo un momento? —preguntó "Francisco" por lo bajo.

—No hay problemas. Ya lo hiciste. —dijo alzando los ojos de las facturas, para mirar por encima de los espejuelos a su interlocutor. Siéntate. Estoy ocupado con estos papeles, que como verás son bastantes, pero, ¿tú dirás?

El otro apenas se acomodó.

—Es que tengo una situación —dijo "Francisco" buscando en su mente la mejor manera para formular su "petición"

—Bueno —carraspeó Moisés, y poniendo cara de "velorio", agregó: —La verdad es que "situación", tenemos todos aquí, ¿tú no crees?

—Sí, sí, pero lo mío es distinto. Estoy "chivao", Moisés y usted lo sabe.—aseguró— Mire mi camisa, limpia, pero no da más y del bolsillo! Ni hablar!

—Francisco, "Francisco" que yo te entiendo "mijito", pero yo no soy el dueño de "El Fuego", ni de "La Chiquita". Para mí que la gente aquí piensa que trabajo en beneficencia. ¿Qué tú quieres que le haga a eso? Si estuviera en mis manos yo...

—Adelánteme cinco pesos del salario—, propuso "Francisco", interrumpiendo la perorata del administrador y tratando de ganar terreno.

—¿Que te adelante, cinco pesos? ¿Pero tú estás loco, "Francisco"? Todavía la emisora les debe dos meses a ustedes, los anunciantes están "tirados en el piso. Y si "Columbio" no cobra, no paga.—remató refiriéndose directamente al dueño de la planta.

—Con eso puedo tirar lo que me queda del mes.—insistió "Francisco".

Moisés ni se inmutó.

—Bueno, adelánteme, cuatro pesos.

—Tampoco. No tengo para eso. Mira —y apuntó con un dedo largo hacia las facturas— papeles y más papeles. De dinero nada.

—Entonces deme dos —continuaba rebajando "Francisco", pensando en aquello que, " del lobo un pelo".

—¡Ni uno, Francisco, ni uno puedo darte.

Entonces fue que, ya al borde de la desesperación, o quizás de la fatiga, por la debilidad que lo estaba derrumbando, "Francisco" decidió hacer un último intento y formuló la petición.

—Bueno, deme veinticinco kilos para el pan con mantequilla y un poco de chocolate, o va a perder a un buen trabajador.

Y de verdad lo era.

Ignoro si el administrador le dio los veinticinco centavos a "Francisco", pues ni siquiera a "Felo" Suárez, su amigo, en ese momento se lo contó.

A pesar de lo tragicómico de la situación, es ilustrativo de una época en que se trabajaba por muy poco en las plantas chica o provinciales. De todas maneras, aquello no dejó de tener repercusión entre los que laboraban en la emisora, con las mismas o más necesidades, pero eso ya formará parte de otra anécdota.

Con los años, "Francisco" demostró, coraje y determinación. No estuvo de acuerdo con el proceso que recién emergía en la nación y emigró. Abandonó el terruño junto con su familia a principio de los años sesenta y no se supo más de él. Cuentan que prosperó.

No conozco si vive todavía aunque lo más seguro es que no. De todas maneras, la anécdota trascendió de manera oral y aún se le menciona con cariño y admiración.

La muerte del indio Siux

Continuaban los problemas financieros en la radio pinareña. Hoy cobrabas el mes trabajado o una parte de él, y luego venía otro sin percibir un centavo. Los litigios con los anunciantes y patrocinadores que se volvían más reacios a soltar la plata aumentaban.

A Pedro Callejas, "Callejita", lo conocía "de vista", desde que yo era apenas un niño, pues él vivía en la calle, "Alfredo Porta" y yo en "Galeano" número 6,ambas casas situadas muy próximas a la esquina donde estas vías confluyen. Estoy hablando de Pinar del Río, mi ciudad natal.

Mi primer encuentro con "Callejita" en la radio se produjo en el año 1975, cuando mi hermana Carmen Achang —ya fallecida— y que trabajaba en el medio, me lo presentó "oficialmente".

Pasaba yo el servicio Militar Obligatorio y fui a entregar unos libretos del espacio "Paralelo 17", que de forma totalmente voluntaria escribía para la emisora, pues supuestamente esto me abriría las puertas, como realmente sucedió. El escritor "oficial" o en nómina del serial que trataba sobre la guerra vietnamita, era Alberto Díaz Bomnín, mi amigo personal y quien durante muchos años realizó también, el programa "Operación Secreta", con el que llegó a ganar popularidad y un Gran Premio, en el Festival Nacional de la Radio Cubana en el año 1988,bajo la dirección de Carmen María Caldoso. Éste es el máximo galardón que otorga la Institución.

El programa premiado se titulaba, "Caso Suela" y tuvo una gran audiencia en Vueltabajo y en toda Cuba, pues se retransmitió en horario estelar por "Radio Progreso", la denominada, "Onda de la alegría".

Saliendo de los "comerciales, volvemos a nuestra anécdota.

Pedro Callejas, "Callejita", de formación autodidacta, fue en nuestra emisora todo un personaje, aquí se desempeñó como actor —hacía el negrito del teatro vernáculo junto al destacado actor, también pinareño, Raúl Eguren que interpretaba el personaje de "El Gallego" en la CMAB Vueltabajera allá por el año 1944 "el año del ciclón, o año del cuero", como lo conocemos los cubanos—, después fue administrador y en los años sesenta, se convirtió en maestro de escritores para la radio, dados sus profundos conocimientos, especialmente en los programas dedicados a dar a conocer la rica historia, de nuestras guerras de independencia. "Callejita" fue mi primer maestro en la radio, y aunque no entré al medio por su influencia, mucho tiempo me dedicó —incluso ya anciano y con la salud bastante deteriorada— a conocer sobre el arte de escribir libretos dramatizados para la radio. Aunque ya no esté, para él, mis más profundas muestras de agradecimiento, respeto y admiración.

Dirigía "Callejita" un serial escrito por él, y que remedaba el oeste americano plagado de, "hostiles", y "sanguinarios" indios Cheyennes y Sioux, como era usual presentarlos en aquella época —recordemos que, de la larga historia de abusos y atropellos cometidos en la conquista del oeste, contra sus legítimos y primeros habitantes, conocíamos bien poco—.La serie era algo así como una copia de "El llanero Solitario", solo que confeccionada y dirigida como ya explicamos, por "Callejita", bajo los efectos de "unas copas "y en una emisora de Vueltabajo.

El actor, Juan Piñeiro encarnaba a un bravío jefe Sioux, que caía en ese capítulo en una emboscada y era abatido por los certeros disparos de tres "Winchester", empuñados por los hombres blancos, parapetados detrás de las rocas en un desfiladero.

Pero sucedió, que en el momento en que, Juan debía caer "muerto" de su caballo, simultáneamente con los disparos, éste se llevó las manos al vientre en el estudio, como si estuviera actuando en el teatro, el cine o la televisión, y casi agonizando, apenas murmuró.

—¡Aahggg, hombres blancos "han herido" a "Toro Sentado" —hizo una pausa, dio otro pequeño gemido y agregó—. "Toro Sentado" estar "herido".

Y ahí mismo "ardió Troya" en el pequeño estudio.

"Callejita le hacía señas al actor para que rectificara el "bocadillo", pues debía caer "MUERTO REDONDO", como se consignaba con letras mayúsculas en el libreto y no "herido", como había acabado de decir Piñeiro en la escena.

El actor, dando muestras de una asombrosa agilidad mental, "arregló" el "bocadillo" en un intento por "acomodarlo", y para tratar de, como dicen los más viejos, "quedar bien con Dios y con el Diablo". Así, mientras los rifles de repetición, seguían vomitando plomo sobre su cuerpo, Juan Piñeiro, agregó.

—"Toro Sentado" estar "muy mal herido.

—¡De eso nada! ¡Te tienes que morir y punto!— gritó el director, que sin mirar para el letrero encendido de "EN EL AIRE", agregó molesto —¡Carajo, Piñeiro, que con ese reguero de plomo en el cuerpo, eres hombre muerto y se acabó!

Ahí mismo cortaron la transmisión.

—Ven acá, Juan. ¿Yo no te escribí bien claro en el libreto, que tú te mueres en este capítulo? A ver. ¿Qué fue lo que pasó?¿ Qué invento es ese de... Y aquí "Callejita" imitó graciosamente el grito y la voz del actor —Aahgg, "Toro sentado", está muy mal herido "¿Dónde dice eso es el libreto?

Muy apenado pero con firmeza, Juan le contestó.

—Discúlpame Callejas, compadre —respiró hondo el actor y luego prosiguió— Pero si yo me muero en este capítulo, ¿de dónde saco el dinero mañana para los frijoles de mi mujer y los muchachos?

Muchas veces, se trabajaba a "destajo" o como "bolo", y el actor en esos momentos ganaba por actuación.

Fin de la discusión. Pero "Callejita" lo castigó. Efectivamente lo dejo "MUY MAL HERIDO", y no lo mató, sólo que no apareció más en la serie, hasta que al escritor se le olvidó el incidente, y esto fue una "pila" de capítulos después. Los blancos mantuvieron vivo a "Toro Sentado", y lo curaron, intercambiándolo a los dos meses por otros pistoleros prisioneros de los Sioux.

"Callejita" era así, a él no se le podía ganar, ni jugando de "mentirita".

Dinero con semilla

¡Transcurrían los días y el dinero necesario para la supervivencia, brillaba por su ausencia! ¡De billetes nada, y de monedas, menos que menos! Parecía que a tan importante y necesario objeto de cambio, se lo había tragado la tierra.

A veces aparecían unos pesos para ir tirando, pero luego se esfumaban otra vez con la misma rapidez con que habían entrado o a una velocidad superior. El pago, "medio pago", "la tercera" parte del pago, o como le quieran llamar y me perdonan la redundancia, ya era cosa habitual en "Cadena Occidental de Radio".

Sucedieron en esa etapa varios percances o altercados entre los directivos de la emisora, —que a decir verdad, también eran bien pocos— y los que allí laboraban, pero sólo vamos a mencionar uno que tuvo gran trascendencia, para luego adentrarnos en la anécdota que da título a esta narración.

El hecho fue que, "la caña se puso a tres trozos", "la timba" estaba tan dura que la soga se tensaba más y más cada, día alrededor del cuello de los trabajadores.

En cierta ocasión, al llegar la hora de abrir la planta, el dueño, acostumbrado como estaba a chequear desde la cama de su casa el inicio de las transmisiones, se dio cuenta de que ésta no estaba "EN EL AIRE" y supuso así, problemas técnicos o de irresponsabilidad por parte del operador de audio o del locutor que debían comenzar a las seis de la mañana. Así se vistió

Columbio, y salió disparado, como "bola por tronera", para los estudios de la emisora.

Tamaña sorpresa la que se llevó, al llegar y percatarse de que sus trabajadores estaban en el local, pero el micrófono de la cabina, el plato del tocadiscos, algunas conexiones imprescindibles, y hasta las dos viejas máquinas de escribir, entre otros equipos de trabajo, habían "desaparecido" de la planta.

Aquello era totalmente inaudito.

Luego de ciertas averiguaciones y palabras con los presentes y por supuesto, para total asombro y disgusto suyo, pudo comprobar, que todo lo que "faltaba" estaba celosamente "guardado" y "bien protegido", desde la tarde anterior, en la casa de "empeños" de Pancho Carioca, muy cerca de la emisora, hasta tanto, como le dijera "Mon" Corona, el locutor y uno de los organizadores de la pequeña "sublevación", se aceptaran algunas demandas y les fuera retribuido el pago que le adeudaban desde hacía ya dos meses.

Demás está decir que "obligado a carabina", Columbio "inventó" el dinero y les pagó, con lo que todo volvió a la normalidad reiniciándose así las transmisiones suspendidas por un breve periodo de tiempo en "Cadena Occidental de Radio"

Así mejoraron los "huelguistas", pero solo unos días, hasta que volvieron a la situación iniciar cuando el dinero volvió a escasear.

En cierta ocasión, muy temprano en la mañana, entró Moisés, de quien ya hemos contado y que fungía como administrador, con una, sino buena, al menos "agradable noticia". Eso fue lo que pensaron, Santiago Otero, Jesús Benítez, Eliécer Valdés y otros que allí laboraban. No había dinero de los patrocinadores, —dijo Moisés—, pero a él se le había ocurrido una "formidable" idea que pondría en práctica ese mismo día.

De esta manera ponía además Moisés en práctica, una novedosa estrategia para calmar un poco los ánimos de los que laboraban en la planta radial.

—Bien muchachos —dijo Moisés a los reunidos en el pequeño estudio, antes de comenzar las transmisiones. —No les voy a adelantar nada, solo les diré que tengo buenas noticias para ustedes.

—¿De qué se trata, Moisés? —pregunto Santiago haciéndose eco del sentir de los demás.

—¡No, nada de adelantos, que si no deja de ser sorpresa! —dijo el administrador haciendo un imaginario círculo en el aire con un dedo. —Lo único que quiero es que pasen luego por mi casa, allí se van a enterar.

Y puntual llegó la reducida "comitiva" encabezada por Eliécer Valdés a la casa de Moisés en la calle Maceo, a cuadra y media de la emisora. Tocaron en la puerta y les abrió con una sonrisa de "oreja a oreja", el mismísimo administrador en persona.

—Pasen muchachos, no tengan pena. —y cerró la puerta que daba acceso al enorme caserón, después agregó. —Vamos para el patio.

—¡¿Para el qué?! —preguntaron casi a coro y muy asombrados los recién llegados que habían recorrido todo el trayecto desde la emisora hasta la casona, haciendo diez mil conjeturas sobre un posible aumento de salario, o aunque fuera un adelanto que el administrador quería celebrar con ellos.

Moisés un vez más los conminó al verlos parados en la sala.

—No se queden ahí como momias, y vámonos para el patio.

Avanzaron y llegaron a la parte trasera de la vivienda. Había un enorme patio, lleno de árboles frutales y donde sobresalían majestuosos, exóticos, orgullosos de su frondosidad y altura, dos árboles repletos de aguacates.

—¿Bueno, quién se va a subir? —preguntó Moisés, mirando para Eliécer, sus dudas el más delgado y ligero del grupo.

Los visitantes no acababan de salir de su asombro.

—¿Subirse dónde, Moisés? —preguntó Eliécer muy confundido, pues, aún no acababa de entender.

—¿Dónde va a ser muchachos? En las matas, en el techo de la casa no va a ser. ¿No ven que ya los aguacates perdieron el brillo y están listos para coger?

—¡Pero Moisésss! —exclamó al unísono el grupo.

—Miren muchachos. No lo tomen a mal, pero aquí hay que hacer de todo. Yo sé que la "cosa" está dura y a mí se me ocurrió la idea. El dinero para pagarles está escaso, y pensé en una "solución" para tratar de ayudarlos. A mí me sobran los aguacates todos los años y hasta a veces se pudren en las matas. Pueden tumbar un puñado para cada uno, sin abusar, claro está, y llevárselos para su casa, así ayudan en las comidas —y mirando maliciosamente para los presentes, guiñó un ojo y agregó— hasta quizá se embullan y "discretamente", porque ustedes son "figuras de la radio" y seguramente les da pena, pueden venderle algunos a los vecinos y van resolviendo.

—Oiga, la verdad es que le agradecemos la "ayuda", Moisés —dijo tímidamente Eliécer—, pero nosotros veníamos pensando en algún dinerito.

La respuesta del administrador a más de medio 60 años de aquel suceso, es recordada aún por algunos de los presentes en la "reunión".

—¡Es dinero, Eliécer! Lo que les estoy poniendo en las manos es "dinero con semilla" —concluyó categóricamente, Moisés.

En favor del administrador, digamos que este era un gesto altruista de su parte, pues no estaba dentro de sus obligaciones con el personal de la planta, regalarles los aguacates ni hacerles otros obsequios, aunque por supuesto, esto lo beneficiaría a él también, al ganarse sus simpatías, lo que lógicamente le evitaba, problemas en el futuro.

A Jesús Benítez Rubio, le pregunté, cuando recolectábamos las anécdotas para el libro.

—¿Y los aguacates, qué? ¿Recogieron o no los aguacates?

Y no pudo menos que responder.

—¡Seguro, mi hermano. Como no los íbamos a recoger!

Jeep marinero

A mí querida provincia, a la que el gran "Tito Gómez" le dedicó esa bella joya del pentagrama musical cubano que es, "Me voy a Pinar del Río", le cabe, entre muchos logros alcanzados después del año 1959, el mérito de estar a la vanguardia, o entre las primeras de la educación en Cuba, y a nosotros, los que trabajamos en "Radio Guamá", el de haber sido los primeros del país en llevar los micrófonos de una emisora hasta una Escuela Secundaria Básica en el Campo —positivo o no el experimento de los estudios en el campo, toca a otros valorarlo— nos contamos entre los pioneros de una transmisión radial en esas condiciones y en las propias voces de los estudiantes.

A este primer programa le pusimos "La Escuela en el Campo", y estuvo durante muchos años en la preferencia de nuestros oyentes.

María Eugenia Borges, locutora profesional de "Radio Guamá", fue la primera voz estudiantil que condujo el espacio.

Para orgullo de la emisora y nuestro en particular, una gran cantidad de periodistas, locutores y trabajadores de la Radio y la Televisión a todos los niveles, se iniciaron en estos "trajines", precisamente en el programa "La Escuela en el Campo".

Ivón Deulofeu, Mariuska Díaz, Luis Hidalgo, Belkis Pérez, Los hermanos Yarelis y Remberto Rico, Sisi Izquierdo y el narrador y comentarista deportivo "Kitín" Rodríguez, son algunos de ellos.

Para la realización del espacio, y el consiguiente viaje a los centros estudiantiles diseminados por toda la provincia, nos facilitaron, primero una moto MZ con sidecar y más tarde un jeep de fabricación soviética que parecía rescatado de la mismísima Segunda Guerra Mundial. También teníamos una grabadora portátil de cinta, y sobre todo, muchos deseos de trabajar.

En cierta ocasión nos trasladábamos en el jeep hacia la zona del municipio de Sandino, poblado de Secundarias Básicas y Preuniversitarios, el chofer Abilio Borrego y el que les narra, realizador del programa. Al pasar por el entronque de "Bailén", situado en la carretera que conduce desde la ciudad pinareña hasta Guane, decidimos darnos un "brinquito" hasta la playa para almorzar y de paso recoger algunas entrevistas para otros espacios de la emisora.

Llegamos a unos metros de la playa y parqueamos el jeep, en la arena, debajo de unos pinos en la zona conocida como Campismo Popular. Levantamos el capó para dejar que el motor se refrescara con la brisa del mar, y salimos a almorzar.

Pasaron las horas y terminamos muy tarde de grabar los materiales que nos interesaban, por lo que decidimos hacer noche en tan agradable y acogedor lugar.

Reservamos una cabaña y enseguida los trabajadores nos colmaron de atenciones en gesto de agradecimiento por nuestra visita. Así comenzamos a brindar con chicharrones acabaditos de freír y cervezas.

Ya habíamos consumido casi media caja de "lagartos" y cuatro libras de pellejo de puerco frito, cuando los vimos llegar, corriendo sudorosos, como locos y con la lengua afuera. Eran, un policía vestido de completo uniforme, y dos "auxiliares" que cuidaban en la playa.

—¡Los del yipi... los del yipi! —solo atinaban a gritar agitando mucho los brazos mientras se acercaban a nosotros.

Nos miramos a la vez Abilio Borrego y yo. Una sonrisa burlona apareció en los labios de mi compañero, que aún tuvo tiempo para saborear un nuevo trago de cerveza fría.

—¿Ustedes son los del yipi de la playa? —preguntó sin reponerse el policía.

A mí, como jefe, director de equipo, o como lo quieran llamar, me tocó contestar. Y lo hice con esa mezcla de burla y prepotencia que nos da el saber que uno no está haciendo nada incorrecto, que está plenamente "AUTORIZADO", porque pertenece al estrecho círculo de la "PRENSA ACREDITADA", y es dueño absoluto de la situación.

—Mire compañero, no hay problemas.

—¡Que no hay problemas. Si hay problemas y muchos! —Exclamaron al mismo tiempo los tres.

Volví a la carga poniendo cara de circunstancias, y con un poco más de ironía les solté.

—Somos de la PRENSA, de "Radio Guama". ¿No vieron el rótulo del carro? Estamos autorizados para parquear en cualquier lugar y...

El más joven, vestido de policía no me dejó terminar.

—¡Autorizados, ¿no?! ¡Pues corran que el mar les está llevando el yipi!

Y para allá corrimos los cinco, hacia el dichoso pinar. !Horror! Poquito a poco, despacio pero seguro, como si quisiera alejarse de nosotros para siempre, se deslizaba, centímetro a centímetro, el travieso jeep, hacia el infinito mar.

Temblando por el susto, con mucho esfuerzo y apenas sin resuello, lo empujamos entre todos hacia atrás.

La subida de la marea nos había jugado una mala pasada.

No lo puedo evitar. Cuando voy de vacaciones a una playa, el fantasma del ya inexistente jeep me persigue en sueños, y se burla de mí desde la misma orilla del mar.

El camión de Pepa

En el mundo de las fusas y corcheas, como en las artes en general, suele suceder que un creador se pase la vida entera, guitarra o violín en mano, por citar solo dos ejemplos, de aquí para allá o de allá para acá, tratando de dar a conocer su obra, para sobresalir y conquistar el estrellato o la fama, ¡y de eso nada!

Algunos lo logran pero son los menos. Otros triunfan después de muertos que es cuando en muchos casos le reconocen sus méritos o los de su obra en general.

Nuestro querido cantante y compositor ya fallecido, "Compay Segundo" tuvo que esperar una friolera de años para lograrlo, en la que llamamos "la tercera edad" y cuando acumulaba unos "almanaques" más, aunque se desquitó, ¡y de qué manera! Ni aun cuando integrara el famoso y mítico Trío Matamoros, pudo calar tan hondo en el gusto popular y darse a conocer internacionalmente, como sucedió en la década de los noventa de la pasada centuria, interpretando su ahora mundialmente conocida canción titulada, "Chan chan".

Francisco Repilado, o "Compay Segundo", como lo nombraban y aún lo recuerdan los cubanos, cogió, su "segundo aire", a partir de ese rico y sabroso son que comienza así: "Alto cerro voy para Marcané llego a Cueto voy para Mayarí".

Tenemos que reconocerlo. De apenas un músico desconocido, al menos para las nuevas generaciones, Compay Segundo, saltó a la fama.

En "Radio Guamá", y en su pequeña emisora hermana, "Radio Sandino", como en todas las del país, el "chan chan", y otras melodías cantadas por "Compay", comenzaron a sonar.

Así fue como aquella tarde de enero del año dos mil, a una locutora de nuestra planta, que hacía sus pininos entonces en "Radio Sandino", se le escuchó pomposamente decir.

—Seguidamente, en el programa "Súper Onda", un éxito musical que lleva la firma de Francisco Repilado. En interpretación de "Compay Segundo". "El camión de Pepa".

!Agárrense de la brocha que me llevo la escalera y se van a caer. ¡Resulta que nuestra querida y buena amiga, locutora del espacio radial "Contigo en la madrugada", de "Radio Guamá", Agnerys Quintana, no solo convirtió al legendario y ya fallecido compositor e intérprete, Francisco Repilado o "Compay Segundo" en dos personas diferentes, lo que ya es mucho decir, sino que, además le cambió, "el camisón", a la pobre Pepa ¡por un flamante camión! ¡Trágame tierra mía.

Los caballos de "Cholito"

Allá por los años setenta de la pasada centuria, cuando comenzaron a incrementarse los cursos de superación para los trabajadores de la radio —en su mayoría de formación empírica—, era frecuente contar en los estudios de "Radio Guamá" con la presencia de una gran cantidad de locutores, realizadores y en mayor medida, de actores y actrices, muy conocidos en las cadenas nacionales de radio y televisión. Así tuvimos el privilegio de recibir la valiosa colaboración y ayuda entre otros de, la siempre afable y sonriente, Martha Jiménez Oropeza, Angel Toraño, Nelson Moreno de Ayala, Ibrahín Apud, Angel Hernández y por último, pues haría muy extensa la lista, el amistoso, y muy profesional actor, Armando Soler a quien cariñosamente llamamos por el sobrenombre de "Cholito". A este ultimo lo involucramos gustosamente en las anécdotas que a continuación les contaré.

Se encontraba en pleno apogeo la grabación de un capítulo de "Aventuras" en el estudio dramático de la emisora. La escena representada era la del personaje protagónico, es decir, el héroe que avanzaba revólver en mano, a todo galope, sobre su brioso corcel. Iba al encuentro de los muy malos que también, en grupo numeroso, cabalgaban hacia él.

¡Qué emoción!

A petición de "Cholito", en funciones de director de la "Aventura", el efectista Félix Lazo, comienza a "subir la parada".

Los cascos de los caballos resuenan una y otra vez sobre las piedras del camino.

—¡Más fuerte, Félix, más rápido que el caballo en primer plano parece que está parado! —ordena el director por el "Talk back".

Y aumentan los golpes con las palmas de las manos en los muslos del efectista. Los cocos secos empleados, hacen más ruido también sobre el improvisado "terreno" contenido en dos pequeñas cajas de madera.

Aún así, a "Cholito" le parece poco aquello, y conmina a Félix Lazo.

—¡Vamos, vamos que va lento ese caballo!

El ritmo de las manos crece ligeramente y los muslos del efectista comienzan a dolerle. De pronto, sin mirar al director, los efectos se detienen, quedando interrumpida por un momento la grabación, para disgusto de todos los presentes que tendrán que repetirla y mueven la cabeza en gesto de reprobación.

Soler pone cara de "pocos amigos" y observa incrédulo a Félix Lazo que desde su puesto lleno de "cachivaches y tarecos", en un rincón del estudio, le muestra al frente las palmas de sus manos. Están que arden.

—¿Qué pasó, Félix, porque paraste?

—Es que... vaya, usted sabe... con el mayor respeto —titubea muy apenado el efectista— Me duelen las manos y los muslos. Es mucho el galope de estos caballos.

La respuesta de "Cholito" pasó en el acto, a los anales de la historia de la radio vueltabajera.

—¡Pues si te duelen las manos y los muslos, te golpeas con una tabla o lo que sea en las nalgas, pero "estos caballos" tienen que seguir galopando, y que galopen bien!

Y los caballos siguieron galopando fuerte y bien.

Caballos que cacarean

Todo parece indicar que los litigios y problemas que causaban los "caballos" de la radio pinareña, no dejaban dormir bien al respetado y querido, Armando Soler.

En otra oportunidad, "Cholito", daba excelente lección de actuación en una grabación en la que también tomaba el mando haciendo funciones de director.

Algarabía en el estudio donde se grababa un combate medieval.

Como efectista, Félix Lazo tenía que imitar entre otros sonidos, PASOS SOBRE GRAVA, EMPUJONES, CHOQUES DE ESPADAS, CAÍDAS DE PERSONAS HERIDAS, y mil efectos manuales más.

El director, le dio órdenes al musicalizador, Juan José Rodríguez Morales, de poner a galopar a los caballos pues eran muy numerosos y eso facilitaba el trabajo del efectista, que ya estaba bastante ocupado con lo que le tocaba en el libreto.

Se utilizaban para reproducir la caballería, los gritos y los relinchos, varias placas de aluminio o de acetato de 78 revoluciones, muy comunes en esa época, y además, con más de treinta años de explotación o trabajo.

Los actores del grupo, montados en sus imaginarios corceles medievales, gritaban entre sí palabras incoherentes tratando de apoyar la acción.

El efectista se luce de lo lindo, dando muestras de su innegable profesionalismo. Es bueno de verdad.

Todo marcha a la perfección.

"Cholito", sonríe satisfecho.

La aguja en el disco que manipula el musicalizador Juan José Rodríguez, da un pequeño salto y va del surco que reproduce "caballería al galope", hasta el de "cacareo de gallinas"

Los artistas se detienen un momento y algunos comienzan a sonreír aunque discretamente para no llamar la atención del director y evitar la reprimenda.

Era difícil ver al experimentado Juan José en un trance como ese.

"Cholito" que es mucho "Cholito", suelta otra de las suyas, como si le restara importancia al asunto.

—No importa Kito, no importa. Al mejor pintor se le va un borrón. Acabo de enterarme, que aquí en Pinar del Río, los jinetes cabalgan sobre gallinas.

Fin del cuento.

Grillos y ranas en el desierto

Por: Silvio Hernández Labory.

La primera vez que escuché ranas en el desierto del Sahara fue en la versión que se hizo en "Radio Guamá" de la novela "El Árabe", de Edith Maude Hull.

Estábamos como jurado en un Festival Nacional de la Radio cuando alerté de los anfibios fuera de zona. La observación quedó recogida en acta y no volví a escuchar de aquello, hasta que conocí al culpable de tamaño desliz.

Sonriendo y casi disculpándose me recordó: "Yo fui el que puso las ranas en el desierto".

La historia de la Radio Cubana es rica en dislates de toda índole. Las causas son variadas y no responden siempre al desconocimiento.

"Acabas de inventar la ametralladora", le dijeron al musicalizador que hizo sonar tremenda ráfaga en una batalla de "El corsario negro". Resultaba que el disco tenía dos pistas, una con disparos aislados y la siguiente con disparos y ametralladoras. De alguna manera, en el ajetreo de la realización, la aguja saltó a la pista equivocada y la anécdota pasó a la posteridad.

En el caso de los anfibios en el desierto la verdad resultó esclarecedora y vergonzosa para mí. El musicalizador no tenía otros grillos en aquel momento. Sólo un disco de grillos con ranas.

En la Fonoteca de "Radio Arte", existen varias grabaciones de grillos, desde un grillo solitario, multitud de grillos, y otras variadas combinaciones. Pero esa no es la realidad de las emisoras pequeñas, donde los insumos destinados a la musicalización de los dramatizados son escasos y muchas veces constituye un reto musicalizar en esas condiciones.

En buena medida, la musicalización de los dramatizados en Cuba, tiene relación con la validación que ha tenido la especialidad a través de la historia. Antes de 1960 el musicalizador no aparecía de forma habitual en los créditos de las obras. Los encargados de proveer con discos de música y ambientes a los musicalizadores nunca han sido perseverantes, ni exquisitos, por ello me decía Silverio, el de las ranas, que la necesidad hace al musicalizador. Tienes que saber dónde está cada cosa porque, ¿qué se hace con la sensibilidad y el talento, si lo que buscas es un tema en un minuto, perdido entre miles de discos? ¿Y qué haces con lo que no existe? Tienes que saber que no vas a encontrar música de nuestros aborígenes, ni para una taberna en La Habana tomada por los ingleses, ni para el Medioevo, ni para los romanos del imperio.

Tienes que saber dónde está la solución. Disco 27, cara "B", surco 3, marca 2.

Ahí hay un solo de tuba muy triste, de 40 segundos. No lo vas a encontrar en otro lugar. Hay que ir a La Habana, me decía el pinareño, a "Radio Progreso" y a "Radio Arte" a buscar música."Me he pasado la vida detrás de la música. Nunca delante, porque desde San Juan y Martínez casi siempre llegas tarde a todo"

Pero no van lejos los de alante, si detrás va Silverio con su entusiasmo.

La musicalización es escurridiza, precisa tiempo, paciencia, osadía, sutileza. Esa manía de perseguir armonías trascendentes nos llevó horas de escucha, madrugadas conversando, de estrategias para el policíaco, para la aventura. El problema en esencia siempre el mismo: buscar.

La catalogación de los archivos musicales es realizada de forma aleatoria por los propios musicalizadores a través de los años. En la medida en que las obras abordan temas y lugares específicos, el musicalizador se va especializando en el folclor musical de los lugares representados. Lo mismo sucede con los géneros. Para manejar el ritmo de una aventura se deben tener clasificadas toda una gama de situaciones consustanciales al género, porque no es igual la tensión en la aventura que en el policiaco, que en el melodrama. Lo más fácil es la música romántica, es muy abundante. También la nostalgia es abundante. Más incómodas son las sorpresas. Es un recurso dramatúrgico empleado hasta la saciedad en todos los géneros, sin embargo, no dejamos de sorprendernos. A veces la musicalizamos como manda el género, acordes rimbombantes, si es aventura, punzante si es un policíaco, estridente si es un thriller, acordes graves si es un drama, que el roce del arco en los violonchelos, bajos, y violas, se haga enorme, que penetre en la piel, se apodere de nuestro cuerpo, y nos deje sin aliento.

El drama de la vida se vive sin música. Cuando supe la gravedad de Silverio la incertidumbre asomó. Las explicaciones estaban de más. Era el de siempre, el maldito mejor tabaco del mundo se lleva un amigo extrañable y en el vacío que nos deja la pérdida no se escucha un toque de silencio, que lo merece, ni la violencia de Nirvana, que la rabia es mucha, ni adagio de Albinoni porque el dolor es inmenso. No. no escucho ni una nota. Sólo grillos y ranas... en el desierto.

Nota: Incluí esta anécdota en el libro, como muestra de gratitud al sanjuanero Silverio Aragón Muñoz (fallecido recientemente (2014), excelente musicalizador de la radio y con quien tuve la oportunidad de compartir criterios, además de analizar y escuchar —en mi condición de escritor y director radial— cientos de discos y cintas magnetofónicas en aras de lograr entre ambos que los programas en que trabajamos fueran del gusto y de la preferencia de los oyentes.

Esta crónica de Silvio Hernández Labory, la leí casualmente en Facebook, a raíz de la muerte de mi compañero, entendí que por su perfil cabía perfectamente en el libro, me gustó y previa consulta con su autor, finalmente pasó a ser parte de este volumen.

Galán de galanes

Como ya expresamos en anécdotas anteriores, los años setenta fueron para "Cadena Occidental de Radio", nombre de nuestra planta que antecedió al de "Radio Guamá", etapa de visitas constantes y muy productivas que sirvieron sin lugar a dudas para aumentar el caudal de conocimientos de los trabajadores y muy especialmente, de los que laborábamos directamente en la programación.

Una de las artistas cubanas más talentosas de todos los tiempos, a quien durante muchos años hemos admirado por su total dedicación y amor por nuestros medios, dígase, radio, cine, teatro o televisión, se encontraba en los estudios de "Cadena Occidental", como parte del plan de capacitación a provincias, organizado por el ICR a nivel nacional. Esa actriz era Verónica Linch.

En realidad aquellos estudios inaugurados en el año 1957 con las siglas de CMAS, no habían cambiado mucho en cuanto a su estructura constructiva, ni tampoco avanzado lo suficiente en el desarrollo de equipos y técnica en general. Se grababa en un pequeño cubículo equipado con una rústica, aunque eficiente mesa de sonido, grabadora norteamericana de cinta, un micrófono de 48, que para conocimiento de los neófitos, aclaramos que es del tipo rectangular que sale en noticieros y películas de antaño, y un reguero de tarecos, pozuelos de aluminio, cajas con tierra, grava, y cintas desechables, botellas vacías y con agua, un cubo abollado y sin asa, cocos secos y mil quinientos "cachivaches" más, que servían al efectista para darle animación a las escenas. No había aire acondicionado por lo que la temperatura era infernal, máxime cuando actuaban, más de tres personas a la vez. ¡Y de los olores fétidos ni hablar! ¡Hasta la camisa se quitaban los varones, para apaciguar el calor!

Los actores, en su mayoría jóvenes principiantes o con muy poca experiencia en el medio radial, hacían hasta lo imposible, buscando recursos naturales que los hicieran destacarse o sobresalir en las grabaciones, aunque a veces "se pasaban", queriendo imitar o hacer gala de potentes voces con las que en realidad no contaban, logrando simples caricaturas con funestos resultados.

En esta ocasión, Verónica daba magistral clase de actuación en el pequeño pero aún así confortable teatro de la emisora, y que era utilizado como improvisada aula, para los bisoños y algún que otro "veterano" que quisiera participar.

Resulta que uno de aquellos muchachones que se destacaba por su lindura, porte, tamaño y belleza de voz, estaba acostumbrado también a "engolar" o poner más grave la voz, no solo cuando se encontraba delante del micrófono, sino también si intercambiaba con algún visitante o profesor venido de la capital, aspecto que él consideraba muy importante para su brillante futuro como actor profesional. La actitud de aquel joven no había pasado inadvertida para la sagaz y experimentada Verónica, que decidió ponerle un toque de humor a una de sus clases de actuación.

Así fue que se dirigió al susodicho:

—A ver... a ver —dijo señalando con un dedo. —Sí, usted mismo que tiene una voz muy bonita.

El aludido se incorporó, bendiciendo una y mil veces para sus adentros a Verónica por tan acertada y agradable selección.

—¿Podría recitarme un fragmento de, «Volverán las golondrinas», de Gustavo Adolfo Bécquer?

Cogió aire aspirando suave y profundamente nuestro actor, puso expresión de galán en primer plano, como si estuviera en el cine o la televisión, y se dispuso resueltamente a deslizar en los oídos de los presentes, con su "engolada" y almibarada voz, aquel fragmento del conocido poema, mil veces, digo mil ¡quinientas mil veces¡ recitado a la jovencita de ocasión:

Volverán las oscuras
golondrinas
en tu balcón sus nidos
a colgar, y otra vez con el ala a tus
cristales jugando llamarán,
pero aquellas que el vuelo
refrenaban tu hermosura y mi dicha
al contemplar, aquellas que aprendieron
nuestros nombres
Esas... !no volverán!

—¡Oyeeee! ¡Soberbio, excelente, ma-ra-vi-llo-so! —exclamó Verónica aparentando entusiasmo desmedido ante todos los presentes. Luego, cambiando el curso de la conversación y dando un giro de noventa grados, preguntó:

—¿Cuántos hijos tiene usted, jovencito?

La pregunta sin "ton ni son" y mucho menos venida al caso, tomó completamente por sorpresa al actor y a todos los demás.

—Este...vaya... yo… Bueno, cuatro muchachos de tres matrimonios diferentes —contesto confundido y con su voz natural, o sea, ahora sin "engolar".

Los otros rieron para sus adentros.

—Usted me disculpa la pregunta mía ahora, profesora. Pero, ¿qué tiene que ver este asunto de mis hijos, con el poema de Gustavo Adolfo Bécquer? Digo, si es que se puede saber?

Verónica contestó con la mayor soltura y naturalidad del mundo.

—No nada. Claro que nada tiene que ver Bécquer con sus hijos, no faltara más.

Luego se le acercó sonriente, y poniéndole una mano sobre el hombro al joven actor, en gesto fraternal le respondió.

—Es que los versos del poeta no tienen nada que ver con sus hijos —y poniéndole un sentido pícaro a sus palabras agregó— aunque no dudo que tan bella creación poética haya "contribuido" a procrear ese "reguero" de muchachos que aún siendo joven, usted tiene. Pero bueno, esa es una decisión muy personal de cada uno de nosotros.

Hizo una pausa intencional y después prosiguió.

Pero sucede que el "engolar" la voz innecesariamente, tampoco tiene nada que ver con una verdadera actuación. Y virándose para los demás —¡Hemos terminado por hoy!

Este actor, al que todos respetamos por su profesionalismo, versatilidad y dedicación a la radio pinareña durante casi medio siglo, es conocido en todo Pinar del Río sobre todo, por su espectacular interpretación del indio "Guaytabó" en las aventuras "La flecha de cobre", grabadas en "Radio Guamá". Coincidimos plenamente con el desaparecido escritor Manuel Ángel Daránas, autor de este serial que se transmitió por primera vez en una cadena nacional, cuando en visita a nuestra provincia nos expresó.

—No tienen nada que envidiarle al elenco de La Habana. Excelente protagónico de Jesús Padrón. Este es el "retrato vivo " de mi querido indio, "Guaytabó".

El primer lugar alcanzado por la aventura "La flecha de cobre" en el XVI Festival Nacional de la Radio Cubana, gracias al trabajo del colectivo del grupo dramático de "Radio Guamá", y en especial por las actuaciones muy convincentes de Jesús Padrón Palacios, en el papel del intrépido indio "Guaytabó", Víctor González Muñoz, en su rol del personaje antagónico "El Turco Anatolio", así como Carlos Manuel Carvajal con una soberbia caracterización de Apolinar Matías, así lo reafirmó.

Chaflán

Al Festival Nacional de la Radio Cubana en su edición del año 1982, concurrió Pinar del Río con una nutrida delegación. Sidney Borjas Calzadilla en su condición de director, el ya fallecido escritor, Reinaldo Buergo Ledesma, como subdirector de programación, "Rafael" "Felo" Suárez, jefe de la redacción musical, Humberto Rico Román, ganador de ganadores en este tipo de eventos, María Eugenia Borges, "el bombón" de la emisora municipal "Radio Sandino", en representación de la misma, y el autor, en ese momento guionista y director de programas juveniles.

La sede de los Festivales en aquella época era la Escuela Nacional para Cuadros de la CTC, "Lázaro Peña", ubicada en la capital. Allí se pasaba de lo mejor, en el más puro ambiente radial y entre muchos conocedores del medio. La experiencia resultaba inolvidable.

La anécdota que les contaré sucedió, aproximadamente a las nueve de la noche, cuando María Eugenia y yo, nos disponíamos a participar en una actividad recreativa planificada en áreas del comedor, convertido para esa hora en improvisado salón de baile. Ya casi llegábamos a la puerta, cuando vimos a "Chaflán" sentado en uno de los bancos situados en la misma puerta de entrada al local, lo acompañaban dos bellísimas damas. Al llegar junto a él y teniendo en cuenta que era una destacada figura del humorismo a nivel nacional, le hice un gesto amistoso con una mano, como si lo conociera de toda una vida, tratando de "congraciarme" y "ganarme puntos" con María Eugenia, que era muy joven y por primera vez participaba en un Festival de la Radio, y había visitado en contadas ocasiones la capital, siempre en un viaje de ida y vuelta. María Eugenia, aunque de pequeña estatura, era bellísima y llamaba la atención por donde quiera que pasaba. De verdad que impresionaba la "muchachita".

"Chaflán" me devolvió el saludo, al tiempo que recorría con su mirada atrevida, toda la anatomía de mi acompañante. De arriba abajo, de abajo para arriba, y de costado a costado fue el examen "exploratorio". Todo esto seguido de una pregunta manida.

—¿De dónde son ustedes, muchachos?, —soltó sin quitar sus ojos de encima de la "sirena".

—De Pinar del Río, para servirle —contesté risueño, luego aproveché para "clavar" el comercial. —De la tierra del mejor tabaco del mundo como sabe usted —agregué.

—Del mejor tabaco y de muchas "cosas" más —respondió "Chaflán". "Sin sombrero hablamos en serio, con sobrero todo es en broma", pinareño, y ahora, como tú y la jovencita ven, estoy "sin sombrero".

Una nueva mirada penetrante a María Eugenia y...

—Se da buena "semilla" en Vueltabajo.

Inmediatamente captamos la indirecta, y María Eugenia se sonrojó.

Aunque a la muchacha y a mí no nos ataban más lazos que los de una verdadera amistad, que hemos seguido cultivando a lo largo de los años, decidí seguirle la corriente al comediante, y enseguida le devolví la indirecta mirando descaradamente para las dos bellas trigueñas que lo acompañaban.

—Pues parece que por Villa Clara, no se quedan atrás echándole el abono a las "semillas" ¡Que buen fertilizante usan ustedes por allá! Y de nuevo la mirada exploratoria recorriendo el cuerpo de las dos bellezas.

Pero como los lectores comprenderán, que yo no era "Chaflán" y mucho menos conocido en el plano nacional o internacional, las jóvenes me miraron indiferentes, demostrando que mis palabras, evidentemente habían caído en "saco roto" o lo que es lo mismo, en oídos desinteresados o sordos.

Fue el cómico el que volvió a la carga, y como si mi acompañante y las de él, hubiesen sido tres bellos objetos dispuestos para el trueque, agregó.

—Dos villareñas por una pinareña y te aseguro que vamos a estar " echando un pie en el "guateque" toda la noche.

Estas veladas nocturnas eran amenizadas por una u otra agrupación conocida en el plano nacional e internacional, durante los días que duraba el evento.

María Eugenia intentó una sonrisa, pero fue una mueca lo que salió. De paso, discretamente y sin que los demás lo notaran, algo molesta me propinó un pellizco. A manera de advertencia, pensé yo.

Aún así, decidí seguir con la "conversación".

—Bueno. Dos villareñas y un tinajón de tus vecinos camagüeyanos —le solté, pensando en el tamaño del tinajón y lo absurdo de la propuesta.

"Chaflán" sonrió una vez más y acto seguido prosiguió.

—¡Y te traigo el tinajón que caray! —dijo dejando ver una sonrisa de oreja a oreja.

Perplejos y confundido con la respuesta, quedamos María Eugenia y yo.

—Mañana a la hora del almuerzo me buscas en el comedor —dijo, y se marchó flanqueado por las dos bellezas que parecían muy complacidas con tan famosa compañía.

Nosotros nos fuimos a "echar" un pasillo con la orquesta de ocasión.

Ya en pleno baile, María Eugenia me espetó.

—Oye, chino, un juego es un juego, pero ¡que pena me has hecho pasar!

Le resté importancia a la situación.

—No seas bobita muchacha. Además, si la "jodedera" de "Chaflán" fuera de verdad, ¿de dónde rayos va a sacar el dichoso tinajón?

Fue a replicar pero no la deje ni abrir la boca.

—Que el tipo sea cómico o gracioso, no lo convierte en Huidini ,Mandrake, o cualquier mago famoso, ¿no lo crees? Vamos, quita esa carita— le rogué— no vaya a ser que nos vaya a desgraciar la noche.

Así nos dispusimos para comenzar el baile.

Al día siguiente me topé yo solo con "Chaflán" en el comedor. Siempre he pensado que más que "encontrarnos", el cómico me buscó.

—¡Bueno y qué, pinareño!, —saludó con desenfado y estrechándome la mano. —¿Cómo se anda?

—¡Aquí, con los pies! —dije dándomelas de gracioso y riendo mi propia ocurrencia.

—¡No, y con la cabeza también, porque tú no te la "desenroscas" y la dejas cuando vas a salir! ¿Verdad "chistoso"? Bueno, y del negocio" con la "muchachita ", ¿qué? Esto es sin sombrero.

Como estaba seguro que lo del "chiste" ya había colmado la copa a María Eugenia que era algo "cortada" y no entraba en "relajitos", decidí dar por concluida la "jodedera".

—¡El negocio va, pero tienes que traerme también el tinajón que te solicité! Ahh y que no se salga —agregué burlón.

—Pues ve trayéndome ese "merenguito", pinareño, que aquí tengo tu tinajón.

Y comenzó a mover, haciendo péndulo ante mis desorbitados ojos, un llavero en el que colgaban, además de varias llaves, la imitación en cerámica y a diminuta escala del famoso tinajón Camagüeyano.

— ¡Así no se vale! Yo te dije un tinaj...

— ¿Estás ciego, pinareño? — dijo moviendo nuevamente el llavero frente a mis cara — ¿Esto no es un "tinajón"?, y original de la tierra Camagüeyana. Mira, si hasta el letrerito tiene.

Al cómico villareño le asistía toda la razón.

— Grande o chiquito, lo importante es que te gané la apuesta, pues te traje un tinajón... Bueno, un tinajoncito en realidad ja ja y guardó el llavero en uno de los bolsillos del pantalón.

— ¡Esta bien, amigo! Ganaste. Pero contéstame dos preguntas... digo, ¿si es que puedes?

— ¡Cómo no! ¡Y diez también!

— ¿De dónde sacaste el llavero?

— Me lo prestó para joderte, un amigo de la delegación de Camaguey.

— Ahora dime con sinceridad, "Chaflán". ¿Tú crees que yo le aguante un "asalto" en el ring a ese par de villareñas que andan contigo?

Sonrió y poniéndome una mano sobre el hombro me respondió.

— No sé tú, pero pensándolo bien pinareño, ya estoy virando el negocio para atrás, porque de lo que si estoy seguro es que yo a estas alturas, no le aguanto ni medio round al "tronco de hembra" que anda contigo. "Con sombrero", muchachón, todo lo que dije fue en broma, luego me pagas dos cervecitas y aquí no ha pasado nada.

Luego rompió a reír a carcajadas. Ese fue el "Chaflán" que yo conocí.

El guajiro Sebastián

Si un personaje en carismático en "Radio Guamá", se llama Sebastián Ferrer Pimienta, narrador y comentarista deportivo hace más de treinta años.

Llegó desde las tabacaleras tierras sanluiseñas a finales de la década de los años setenta, el guajiro SEBASTIAN. Y lo escribo con mayúscula y negritas pues que conozca, en nuestros predios, ni fuera de estos, tolera que le llamen por su nombre propio, el que le dieron su mamá y papá cuando nació. Su patronímico, no le agrada ni un poquito, pero ese, como la familia, no se escoge, viene solo. Por eso y para "pincharlo" en cuanto tenemos una oportunidad se lo repetimos, y ésta es una de ellas. SEBASTIÁN es un individuo campechano, cuentero nato y jodedor de nacimiento, capaz de formar y animar una tertulia donde quiera que se lo proponga, lo mismo en una fiesta de quinceañera que en un velorio.

De "El Picher" —se desempeñó durante un par de años en series nacionales de béisbol de ahí el apodo—, traemos cuatro pinceladas, que para decirlo en el argot del conocido deporte, si no son todo un récord en la locución deportiva de Cuba y allende los mares, sí lo mantienen con astronómico average, bateando por encima de 800 en cualquier liga que éste participe.

En el año mil novecientos ochenta y cinco, como parte de la XXIV Serie Nacional de Béisbol, se enfrentaban los equipos de "Pinar del Río" e "Industriales", en el estadio "Capitán San

Luis" enclavado en el mismo corazón de la ciudad vueltabajera. Todo un clásico en la pelota cubana.

Juego tenso desde la misma primera entrada donde "Industriales" fabricó una carrera, contraatacando los de Pinar con la misma cantidad.

"El Ciclón de Las Ovas", Rogelio García, por los "pativerdes" y por los azules de la capital, "Lázaro de la Torre", apodado "El Brujo", por sus enrevesados lanzamientos y dominio de la bola, otro astro del béisbol cubano.

Así se mantuvo todo y se fue el juego a extrainning, hasta llegar al onceno en que "explotan" a Rogelio y los "Industriales" se van arriba por cuatro carreras. Tiene que batear Pinar que sirve como Home Club.

Ferrer contrariado y pensativo por las cosas como están comienza a inquietarse.

Vienen al bate los del patio a consumir su última oportunidad y logran llenar las bases, con dos out en el pizarrón.

Batea Luis Giraldo Casanova en conteo de dos strike y tres bolas.

Lanza De la Torre un "chícharo" para el Home

Saca "El capi" rápido los brazos y como parafraseando al inolvidable, Boby Salamanca, "adiós Lolita de mi vida".

La pelota pasa entre dos torres de iluminación en el jardín central.

Locura en el "Capitán San Luís". Las gradas se convierten en manicomio. Rugen de alegría los parciales de Pinar —no son leones pero rugen— El equipo de patio, ¡oh!, milagros del béisbol!, increíblemente acaba de empatar.

Segundos antes y siguiendo la trayectoria de la esférica, narra el guajiro Sebastián.

—¡Lanza de la Torre! ¡Casanova le tira y saca un batazo largo, grande, muy grandeeeee por el jardín central! ¡La bola se fue de cuadrangular! ¡Caballeros, se empató el juego. miren qué hora es! ¡La última guagua para San Luís se me vaaaaaa!

Imagínense ustedes las caras de asombro de sus compañeros de "Radio Guamá", al escuchar "AL AIRE" semejante "morcilla" tan fuera de lugar.

Quedaron con la boca más abierta que los cocodrilos hambrientos de un cenagal.

Y de los oyentes, de la fanaticada, que no perdona ningún error por leve que este sea, de esos no vamos ni a hablar. Ustedes, aficionados o no, se lo pueden imaginar

El pan y la mortadella

En cierta ocasión jugaban "Vegueros" y "Citricultores" en el municipio más tabacalero de Vueltabajo, Consolación del Sur.

Eran alrededor de las tres la tarde, la misma hora en que se dice "mataron a Lola". ¿ Qué quién era Lola?!Y yo que sé! Sólo me limito a repetir lo que he escuchado desde niño y nada más.

Por dificultades con el transporte y la premura de la transmisión prevista para la una de la tarde, nuestros técnicos y equipo de narradores, incluyendo el compilador de datos, no pudieron almorzar. Los representantes del INDER municipal, serviciales y comprensivos, mandaron a la improvisada cabina, una merienda ligera. Pan con mortadella para todos y refrescos bien fríos y embotellados con gas.

El desafío estaba caliente de verdad.

—Final de la octava entrada, "Vegueros y "Citricultores", de Matanzas, cero a cero —narra Ferrer Pimienta.

Avanza la trabajadora del INDER con una bandeja en las manos. Chirolde el compilador y Julio Duarte, el otro narrador-comentarista que no está "AL AIRE" en ese momento, agarran su pan y su refresco y comienzan a "moler".

—Listo en el box el picher —narra Ferrer, al tiempo que echa un vistazo para la parte del pan y el refresco que aún Julio sostiene en sus manos. —Lanza... Le tira Tomás Valido y saca un metrallazo que pasa por encima de segunda, pica, rueda y se extiende por el jardín central.

No aguanta más Sebastián y mientras narra las incidencias de lo que sucede en el terreno, estira su brazo hacia la bandeja que reposa encima de una mesa donde también ha sido colocada la pequeña consola que sirve de base a la emisión.

—¡Pasa Valido por primera dobla y sigue para segunda!ehhhh! a este pan le falta la mortadella! —Casi chilla Ferrer en plena transmisión.

Las llamadas a la planta matriz en Pinar del Río, no se hicieron esperar.

—¿"Radio Guamá"?.

—Sí. ¿Qué desea por favor? —Preguntaba amable la recepcionista.

—¡Díganle a Ferrer Pimienta, que la mortadella que se le perdió está en el jardín central, ja ja ja ja ja.

Alguien en la cabina o fuera de ella le hizo la "gracia" a Ferrer Pimienta con su pan, y vean ustedes la mortadella, digo, la "bola", a donde fue a parar. Y como todos en alguna que otra ocasión hemos estado trabajando días fuera del querido, calientito, acogedor y apreciado hogar, experimentando la triste sensación de un transporte que no sabemos si nos va a traer o llevar, seguramente le vamos a perdonar al ex lanzador derecho del equipo de Pinar del Río, el querido "pichazo", narrador comentarista deportivo de "Radio Guamá", cuando lanzó al aire en otra ya lejana oportunidad...

—Principio del noveno inning. Batea Diego Mena en la cuenta de dos strike y una guagua.

Este es Ferrer Pimienta señores, el único comentarista del mundo que a través de toda la historia del béisbol profesional o amateur, ha logrado meter una guagua en el terreno del estadio.

Por último, y para concluir con el guajiro Sebastián, pues no vamos a dedicarle el libro completo, aunque material anecdótico tenemos para ello, narraremos un suceso que no guarda relación con su trabajo en "Radio Guamá", pero si con su efímera trayectoria deportiva, como integrante del equipo de béisbol pinareño que tomó parte en la décima primera serie nacional. Se enfrentaban "Pinar del Río" y "La Habana" en el estadio "Capitán San Luís".

En la lomita, por los de "Pinar", Sebastián Ferrer Pimienta que entró en el sexto inning como relevo y tratando a toda costa de contener a los inspirados peloteros de la capital que ya ganaban el desafío ocho carreras por tres.

Lanza una y otra vez Ferrer la bola para el home y el "aguacero de palos" no se detiene. Está el muchacho al borde de la explosión".

El manager "Lacho Rivero", detiene el juego y hay conferencia en el box.

Aprovecha Ferrer el momentáneo descanso y le pregunta ansioso a su receptor.

— ¿Cómo están llegando mis lanzamientos al Home? ¿Estoy duro todavía?

La respuesta rápida y sincera del cacher titular no se hizo esperar.

— ¡Qué sé yo, Ferrer si nada de lo que has lanzado ha llegado a mí mascota. Todas han dado en el bate de los habaneros!

¡A ducharse! Esa fue una de las últimas comparecencias de Ferrer a la "lomita", al menos integrando el equipo de béisbol pinareño en Series Nacionales.

El Neno

EL locutor más longevo de "Radio Guamá", con 68 años en sus costillas — no los aparenta pero los tiene— es Jesús Benítez Rubio, o "El Neno", como le llamamos los más allegados. Benítez lleva más de cincuenta almanaques laborando en la Radio Vueltabajera. Se inició en estos trajines de las ondas hertzianas, allá por el año 1950, en funciones de operador de audio, y desde entonces hasta la fecha, se ha desempeñado en múltiples facetas, entre las que destacamos, operador de audio, actor, locutor y narrador en los más variados espacios de nuestra emisora.

Voz estelar del programa, "Amanecer Campesino", al que logra imprimirle un peculiar estilo, con el que ha logrado ganar varios eventos nacionales de la Radio, Jesús Benítez, realiza también los espacios, "La novela cubana", Rancho Mejicano", Teatro", "El cuento" y el noticiario vespertino "Señal".

De "El Neno", vamos a contar:

Dirigía yo, el espacio informativo "En Torno A", y Benítez se encontraba como conductor de la Revista, que aún se transmite en el horario de seis a nueve de la mañana. Este programa cuenta con tres intervenciones deportivas que —salvo se presente una dificultad de último momento— se realizan "en vivo", en la cabina, por uno de los especialistas en la materia. De esta manera se garantiza frescura y actualidad en la noticia

Ese día fue uno de la excepción. Día "negro" para Benítez y para todo el colectivo de realización.

Le tocaban los deportes al joven "Kitin" Rodríguez Girado, a quién todos hemos visto "echar narices", dentro de la emisora, pues comenzó como locutor en programas infantiles y es hoy por hoy, un destacado realizador y comentarista deportivo de "Radio Guamá". Sucedió que Kitin, tuvo que ir a cubrir una actividad de urgencia en el Salón de Protocolo del Estadio "Capitán San Luis" —se realizaba allí un evento internacional— y decidió, dejar grabadas su segunda y tercera intervención para el programa, cosa que en la mayoría de las ocasiones, para no decir que en todas, pasa inadvertida para los oyentes, por la naturalidad y maestría con que estas grabaciones se realizan.

Llegó la hora del segundo espacio deportivo a las siete y cincuenta de la mañana, y Jesús Benítez, que como dijimos anteriormente, era el conductor del espacio, se propuso darle un "mayor toque" de naturalidad a la presentación de la sección, grabada y lista en la máquina reproductora. Salió el tema que identifica la sección y "El Neno" la presentó:

¡Los deporteeeesss! Hoy a cargo del benjamín de nuestros comentaristas...

Se dio dos o tres palmadas en su propio hombro como si efectivamente, "Kitín" se encontrara a su lado y finalizó con una sonrisa burlona en sus labios, haciendo alarde entre los presentes de su sabiduría, experiencia y sobre todo conocimientos y maestría, para encarar cualquier situación.

—¡Kitín Rodríguez Girado! —finalizó.

Oprimió el play de la reproductora el operador Jorge Luis Lezcano Alonso, siempre un poquito nervioso y despistado y que no había revisado el principio de la cinta magnetofónica traída a "todo correr" desde la Redacción Informativa, y esto fue lo que se escuchó en voz del comentarista, para asombro del colectivo, en los radios "encendidos", en todo Pinar del Río, las provincias habaneras, una parte de Matanzas, Centroamérica, y en el municipio especial Isla de la Juventud.

—Uno... dos... tres —conteo del comentarista en la máquina reproductora.

"Atención, director. Aquí te dejo grabado el deporte de las siete, y el de las ocho y cincuenta. Me tuve que ir urgente para el salón de protocolo del estadio".

Luego continuó la grabación pero ya nadie la oía.

Los ojos de Benítez, parecían querer salírsele de sus órbitas. Abrió la boca pero no atinó a decir palabra alguna.

A pesar de la situación, las carcajadas estallaron en toda la cabina de transmisión, incluidas las del director.

La Radio con sus sorpresas imprevistas, y el desliz del operador sin proponérselo, le habían jugado una mala pasada al conductor.

Benítez, por supuesto se arrepintió para sus adentros, de haber montado la "escenita" de las palmadas, para hacer más natural la presentación.

Nunca más —y esto sucedió en el año 1995— "El Neno" se ha dado nuevas palmadas en sus hombros, ni para espantar alguna que otra mosca, que ya es mucho decir, al menos cuando se encuentra laborando en la Cabina Central de "Radio Guamá".

La nebulosa de July

Dentro de las miles de obras interpretadas por el Grupo Dramático de "Radio Guamá" a través de toda su historia, hay una que los más veteranos en los trajines radiales, recordamos con especial predilección. No es porque haya sido ganadora de grandes premios en Festivales Nacionales, pues ni siquiera podría haber triunfado, de haber participado, en un evento zonal o de barrio que es bastante decir. Quedó grabada en mi memoria, como en la de mis compañeros de labores, por la situación humorística, que en su momento originó.

La novela en cuestión es, "La nebulosa de Andrómeda", del escritor soviético, Iván Efremov y seguramente conocida por nuestros lectores. La hemos desempolvado de los recuerdos, pues fue, y aún es, motivo de comentarios en la emisora "Radio Guamá"

Resulta que a July Puentes, le conocemos entre sus virtudes, la de ser un escritor radial que gusta de la constante experimentación, poniendo especial énfasis en la utilización de los efectos y recursos sonoros, unas veces con más y otras con menos éxito, pero lo cierto es que le encanta la renovación y a mi manera de ver es justo reconocérselo. "El que no arriesga, ni gana ni pierde", reza un viejo refrán y July, en todo momento, cuando labora para la radio, lo intenta.

Para la adaptación de, "La nebulosa de Andrómeda, a la radio, allá en el año 1975, a este joven escritor en aquel entonces, pues ya sobrepasa la media centuria y le queda un poquito para repartir, se le ocurrió, en un libreto de la citada novela espacial, o de ciencia ficción, solicitarle al musicalizador, "MÚSICA DE LO INCREÍBLE", un término no utilizado hasta ese momento por ningún realizador, o adaptador de programas para la radio en el mundo, según el criterio muy autorizado, del ya fallecido musicalizador, Carlos Suárez , que se "devanaba" los sesos en el cuarto de pruebas, buscando "algo", con que dejar complacido al exigente guionista-director, y que a la vez, se acercara al menos, a la "MÚSICA DE LO INCRÉIBLE", solicitada en el libreto.

Finalmente, luego de mucho buscar y rebuscar en los exiguos y tantas veces "exprimidos" archivos de la fonoteca, Carlos Suárez, llegó a la conclusión de que no existía nada semejante, ni siquiera que se pareciera a la insólita petición. Evidentemente, pensó el experimentado musicalizador, ya era hora de ir pidiendo su baja de la nómina de la emisora muy en contra de su voluntad, o el novel escritor lo enviaría, y vamos a utilizar sus propias palabras, "directo para el manicomio". Ninguna de las dos opciones eran del agrado de Carlos Suárez a quien le encantaba su trabajo en la radio y además, tenía hijo y mujer que mantener. Entonces decidió darle una "lección" al escritor, como para que "no la olvidara por el resto de sus días".

Se encontraba en pleno apogeo la grabación del capítulo tercero de, "La nebulosa de Andrómeda", cuando al llegar al bocadillo señalado con la acotación, "MÚSICA DE LO INCREIBLE", comenzó a escucharse de fondo algo raro, una música extraña que nadie atinaba a entender. Inmediatamente y a la voz de July Puentes que fungía como director, se detuvo la grabación.

¡Qué rayos es el "adefesio" ese que pusiste de fondo, Carlos Suárez! —preguntó July, visiblemente confundido y muy alterado.

Con la mayor naturalidad del mundo el eludido le respondió.

—Eso es lo que tú me pediste en el libreto, " MÚSICA DE LO INCREÍBLE".

Y señalando para la cinta magnetofónica, puesta en la máquina utilizada para reproducir todo aquel "Frankenstein" musical", agregó, fingiendo ahora todo el enojo del mundo.

—¡Que nadie me venga a protestar! A ver, ¿ quién dice que fragmentos de "La quinta sinfonía de Beethoven", el "Concierto número uno para piano y orquesta de Chaikoski", el "Mosaico número tres del conjunto Roberto Faz", "Mozambique en carnaval" de Pello el Afrokán, y "El mechón", del Conjunto Los latinos", todo mezclado y grabado en una cinta, que colocamos "al revés", no es "MÚSICA DE LO INCREÍBLE"? ¿Verdad o no?

Las risas brotaron espontáneas y al unísono.

Y July Puentes tuvo que aceptar, aunque sólo fuera momentáneamente —pues este personaje no era tan fácil de convencer—, los sólidos argumentos, con "clase demostrativa incluida" del muy profesional musicalizador pinareño.

¿Dónde está Erg Noor?

Resuelto el capítulo de la "MÚSICA DE LO INCREÍBLE", las grabaciones de "La nebulosa de Andrómeda", continuaron sucediéndose sin tropiezos.

La obra, prevista por su adaptador, July Puentes para 30 capítulos a lo sumo, iba por el 20, más de la mitad, cuando al actor Humberto Arencibia, que interpretaba el personaje protagónico, encarnando al capitán de la nave espacial "Tantra", Erg Noor, se le ocurrió preguntarle, muy preocupado a su escritor-director.

—¡Oye July! ¿En qué capítulo aparece de nuevo mi personaje?

Confundido y sin apenas disimular la sorpresa causada por la inesperada pregunta, July sólo atinó a balbucear.

—¿Tu... tu personaje? Yo creo que...

Después calló. Entonces Humberto continuó.

—Sí. Yo salí en el tercero, cuando viajamos al planeta de los Acalefos, y por mi madre —aquí el actor hizo la señal de la cruz para darle más verosimilitud a sus palabras— ¡ni yo mismo sé dónde rayos me metiste!

El director se rasco pensativo la cabeza. Era evidente que tampoco él, que había realizado la adaptación de la novela, sabía dónde estaba "metido" el capitán de la nave "Tantra".

Todos en el estudio de grabaciones esperaban la respuesta. Esta no pudo ser más desenfadada, aunque sorprendente.

Aparentando darle muy poca importancia al asunto, July Puentes respondió:

—Nuestro capitán está en el planeta de los Acalefos, lamentablemente a mí se me olvidó y lo he dejado allí todo este tiempo. Digamos que está en misión de exploración o secuestrado por algún maldito acalafeño —y virándose para el actor —No te preocupes Humberto. Nada más que llegue a mi casa, me siento frente a la máquina de escribir, para inventar un segundo viaje a ese terrible planeta. Así vamos a rescatar a nuestro querido e insustituible capitán. ¡No digo yo si lo rescatamos!

Como resultado del susodicho "rescate forzado", porque eso no estaba en el original ni nada que se le pareciera, la "adaptación" , de "La nebulosa de Andrómeda", se convirtió en una desastrosa versión, que se extendió innecesariamente, entre idas y vueltas al susodicho planeta de los acalefos, rescates, contra-rescates y muchos "inventos de July", a nada más y nada menos que ¡60 capítulos! de intrigas, enredos, dimes y diretes, que nada tenían que ver con la conocida novela del escritor soviético. ¡Hasta una boda del capitán realizó!

La Sonorización de la Emisora

La Propaganda es un elemento muy utilizado en la Radio Cubana. En el exterior, y sobre todo en los países Occidentales, sirve entre otras cosas, junto a su prima-hermana la Publicidad, como elemento catalizador, para alentar el desmedido consumismo por parte de grandes masas poblacionales, influyendo también en su pensamiento. En nuestro país, mediante, menciones, promociones, jingles, y mensajes cortos, se educa e informa a la audiencia, sobre determinados hábitos y eventos, según sea el caso. Así usted recibe diariamente orientaciones para ahorrar el agua o la electricidad, se aconseja a la futura mamá, para que el niño nazca sano y crezca feliz, y también se puede conocer sobre las ventajas de determinado programa social, o de un evento trascendental, que tendrá lugar dentro de la localidad o fuera de esta, ya sea de carácter provincial, nacional o internacional. Por supuesto que la radio en Cuba, también incluye mensajes de contenido político-ideológico, y es mediante muy breves realizaciones que se envía el mensaje.

En cada emisora del país, existe un Responsable o Jefe de propaganda, que es el encargado, con los demás especialistas de su Redacción ,de insertarla en la programación habitual, ya sea dentro de los espacios radiales, o entre programas, Según la importancia y carácter del mensaje, se selecciona el horario adecuado para transmitir el mismo. A veces se sobresatura el éter con estos y entonces el resultado es un verdadero "bombardeo" de mensajes históricos, patrióticos o revolucionarios.

Los "jingles" son los que identifican la emisora, y en la gran mayoría de las estaciones se utiliza la voz emblemática o más aceptada por los oyentes para este fin.

En Pinar del Río, por ejemplo, "Radio Guamá", que es la planta matriz para todo el occidente del país, pone en el aire jingles como estos: "Guamá, veinticuatro horas en el aire", o "Escuchas Guamá, la señal sonora de la familia pinareña".

Hay que decir, que la sonoridad actual de nuestra emisora, fue obra de un talentoso realizador de programas, que hoy labora en la televisión vueltabajera. Se desempeña además este realizador, como profesor del Instituto Superior de Arte, prestigiosa institución educativa cubana, de donde emergen verdaderos talentos en las más variadas manifestaciones artísticas.

Este joven del que hablamos se nombra Luis Hidalgo Ramos, él formó parte del colectivo de creadores en nuestra planta radial.

La sonoridad, o diseño sonoro de "Radio Guamá", trajo en su época muchos debates o discusiones.

Resulta que durante años, estuvo como jefe de propaganda a nivel nacional, el licenciado Juan Hernández Rodríguez, conocido por sus constantes visitas a las emisoras del país, como, Juanito.

Debo aclarar, que éste se enteró del cambio de sonoridad de la emisora, porque "Kitín" Rodríguez, en esos momentos, jefe de propaganda en "Radio Guamá", llevó una muestra a un Taller sobre Propaganda Radial y Escrita, que se realizó en la provincia de Santi Spíritus. Juanito nunca estuvo de acuerdo con la misma, primero porque "no se le consultó" según alegaba, y segundo —decía él—, por el lirismo impregnado en algunos textos y que según manifestaba el especialista, alejaba al oyente de lo que en realidad éste necesita escuchar.

Pues bien, en una de sus visitas a nuestra emisora, fueron convocados todos los que de una manera u otra tenían responsabilidades con la sonorización de la planta, para una reunión de análisis en el local de la Fonoteca. Ya Luisito estaba un poco escéptico, porque conocía de la desaprobación o rechazo del visitante, por la labor realizada y que dicho sea "al vuelo", tantas y tantas horas de desvelo le habían costado a él y a su equipo de trabajo. "Kitín", en su calidad de jefe de propaganda de la emisora, también participó en el encuentro.

Esto fue más o menos lo que sucedió allí, y que "Kitín" me contó después, cuando supo que estaba recopilando material anecdótico para este libro.

—Me alegra sobremanera que haya escuchado la muestra, pero según he oído, usted está en total desacuerdo con la sonoridad que yo propuse a la dirección de la emisora —dijo Luisito respetuosamente, sin alzar la voz, pero dejando entrever abiertamente su malestar.

A lo que Juanito respondió con una larga explicación "filosófica" y "muy aclaratoria", algo común en él.

—¡Claro que estoy en desacuerdo! ¿Y quieres que te explique por qué? Sencillamente, porque el lenguaje de la propaganda tiene que ser, directo, y sin segundas lecturas. Y en tu sonoridad me he encontrado textos como: "Guamá, una emisora que retrata tu vida". O sea, que están diciendo, que la emisora es algo así como fotógrafa —tomó aire Juanito para luego continuar— Y si seguimos analizando, todo eso no es más que música y poesía, sin que constituya identificación alguna, porque además de la melodía "Nosotros ", de Pedrito Junco, que es la que identifica la planta, utilizas muchos números musicales más, y a mi "modesto" entender, esto es erróneo completamente.

Luisito recibió la andanada de palabras con la mayor estoicidad del mundo, aunque los colores le iban y venían a la cara.

—¡Es que para usted, todo es mecánico, y no olvide que esta vida está llena de poesía! Es totalmente válido el sentido figurado. ¡Es lo que creo yo!

Con toda la calma del mundo y sin inmutarse en lo más mínimo, Juanito le contestó:

—¡Y crees mal, Luisito! La propaganda no es para llenarla de poesía. Para eso están otros tipos de programas, en ellos puedes descargar todo el lirismo y las imágenes poéticas que tú quieras, pero en la sonorización de la planta no puede ser.

El asunto iba tomando un cariz muy pero que muy serio.

—¡Le repito que usted está empecinado! Los demás aquí reunidos están de acuerdo conmigo. Hay cosas estáticas, pero muchas son relativas —devolvió Luisito, firme, y sin convencerse de lo que Juanito decía.

Y entonces fue como brotaron las risas contenidas en los presentes, con la respuesta del especialista en propaganda.

—¿No me digas? ¿Así que todo en la vida es relativo? Entonces, ¿tú quieres decirme, que mañana yo puedo tener la apéndice, lo mismo en el lado izquierdo, que en el lado derecho? ¡Claro caballerito, porque como bien dices, hay muchas cosas que son relativas!

Demás está decirles como le brillaban los ojos al joven recién egresado del ISA. Y como respiraba.

Finalmente contestó.

—La apéndice siempre va a estar del lado izquierdo como es natural, ¡pero aún así, tiene movimiento! Definitivamente no nos vamos a entender. Y ahora, me disculpan, tengo trabajo por hacer.

Y salió con pasos apresurados del local.

Para ser justos vamos a consignar aquí, que la controvertida sonorización de la emisora se aprobó por mayoría, y resultó ganadora meses después, de una "Mención" en el concurso "Espacio", convocado por la Sociedad de Publicistas y Propagandistas de Cuba, entregado en la prestigiosa "Casa de las Américas"

Lo que de cierta manera le dio la razón al joven y talentoso realizador vueltabajero.

Desconocemos si Juanito por su cargo en el nivel central y amplios conocimientos sobre Propaganda y Medios de Comunicaciones, estuvo entre el jurado. A mí me hubiera gustado que sí.

No me tapes la pelea

Seguramente ustedes conocen o han oído hablar sobre lo que es el grupo dramático de una emisora radial. De todas maneras les aclaro, que está formado por el personal artístico, que tiene a su cargo la grabación de los espacios de ese corte, como novelas, cuentos, aventuras, teatros, humorísticos o policíacos, sólo por citar algunos.

El prestigio que por años se ha ganado el elenco del Grupo Dramático de "Radio Guamá", incluidos, grabadores, efectistas, musicalizadores, asesores y directores, está avalado por su constante superación y consagración a cada obra realizada.

Nombres como Aurora Martínez, Jesús Padrón Palacios, Nersys Felipe, Isora Llanes, Carlos Manuel Carvajal, Víctor González, Juan Barrizonte, Humberto Arencibia, y una nueva generación que se viene imponiendo, están presentes en la radio-audiencia pinareña.

Uno de los programas que más hondo caló en la preferencia de los oyentes en Vueltabajo, fue la reposición o "remakes" de la aventura, "La flecha de Cobre", difícil reto asumido por el colectivo, ya que consistía en revivir la serie, escrita por el ya fallecido Manuel Angel Daranas, y que los más viejos, escucharon en la antigua "Radio Liberación", cuyos protagonistas principales fueron nada más y nada menos que, Mario Limonta, encarnando al indio "Guaytabó", Angel Toraño, en el papel de "El Turco Anatolio", Alden Kghith, como "El Charro Quiroga", Carlos Paulín en "El perro Correa", y muchos otros "pesos pesados", con experiencia y reconocidos méritos en los medios nacionales.

En una visita realizada por esos actores a nuestros estudios, la felicitación no se hizo esperar para el elenco dramático de "Radio Guamá", por la caracterización tan perfecta que cada uno de nuestros "muchachos" y "muchachas", habían realizado sobre los distintos personajes.

El director de estas aventuras en "Radio Guamá", era Juan Barrizonte Blanco, quien se desempeñaba además como actor, interpretando al personaje de "El Charro Quiroga". "El Barri", como cariñosamente le llamamos, se disponía a grabar una escena que narraba una pelea entre ·Guaytabó", y el capataz de una cauchería, nombre dado por Daranas al lugar donde eran bárbaramente maltratados y explotados los obreros.

Para grabar esta escena, Barrizonte necesitaba a "media emisora", porque era una pelea presenciada por todos en un barracón de la factoría, y el grupo dramático en pleno, no alcanzaba para tanto.

Así fue llamando "El Barri" a todo el que pasaba por el pasillo y que no se encontrara en funciones de trabajo.

El asunto consistía, según él lo explicaba, en hacer bastante bulla, mientras el narrador Juan Gualberto Pérez Mena, describía magistralmente, —y aquí el calificativo está más que bien justificado—, golpe a golpe, todo lo que pasaba entre "Guaytabó" y el sanguinario capataz.

Cuando el estudio dramático estuvo repleto de personas, Barrizonte parapetó a un grupo junto a la puerta principal, dentro del estudio buscando los planos adecuados, y para que la bulla no "tapara" la voz del narrador y se entendiera perfectamente lo que iba aconteciendo en la escena. Entonces pasó el seguro para que nadie ajeno a la grabación pudiera entrar y de hecho, interrumpir la escena.

Comenzó la grabación, con Juan Gualberto diciendo así:

—"El puño derecho de Guaytabó, golpea sobre el rostro del capataz que da un traspié, cayendo estrepitosamente hacia atrás".

En esta parte la algarabía aumentaba y Juan Gualberto, metido completamente en situación, seguía muy entusiasmado narrando.

—"Juan Soler, el soberbio mayoral, se levanta de un salto, lanzándose sobre el indio que da un paso lateral, y lo esquiva propinándole una patada en el bajo vientre"

La bulla se hacía cada vez más ensordecedora. En las oficinas de la planta alta se preguntaban, ¿ qué pasara" allá abajo? Todo era muy confuso. El custodio de la emisora que se trasladaba en esos momentos por el pasillo, al pasar junto al Estudio Dramático, escuchó aquellos gritos y comenzó desesperadamente a tocar, primero con una mano, y luego a golpear en la puerta con el cabo del viejo revólver 44, todo un símbolo de la emisora en aquel entonces.

Barrizonte, al oír los toques, detuvo la grabación con el disgusto reflejado en el rostro, pues la escena hasta el momento se iba logrando casi a la perfección.

Abrió la puerta y con el semblante descompuesto, le preguntó al custodio que aún sostenía el revólver en una mano.

—¿Qué es lo que te pasa «mijito"? ¿A qué vienen esos golpes?

—¿Qué pasa?—respondió el aludido guardando el revólver en la bastante deteriorada cartuchera. ¿Y tú me lo preguntas a mí?

Ahora fue Barrizonte el sorprendido por la pregunta.

—¡Bueno, dime ¿qué es lo que pasa? ¡No tengo el santo día para ti!

—¿Y la bronca que había aquí abajo? ¡Oí los gritos, se estaban fajando! ¡Yo si no voy a permitir "relajito" en la emisora!

—¿Qué aquí había qué? —preguntó sin salir de su asombro el director. Luego cayó en cuenta y dijo a punto de romper a reír —Mira Humberto, —así se llamaba el CVP, o custodio—, aquí lo que estamos es grabando un capítulo de la "Aventura", y tú has venido a interrumpirme la escena. ¡Con lo bien que estaba saliendo todo, compadre!

Pero el custodio que había comenzado a trabajar hacia poco tiempo en la emisora, no entendía ni "jota" de la explicación y continuaba "plantado en sus trece". Entonces decidió poner las cosas en su lugar y a su manera.

—¡Ah, pero entonces, ¿tú también Barrizonte?!

Y luego otra reprimenda gratuita y sin motivos.

—Así que tú eres el que tiene que "llamar" al orden como director de esta "Aventura", y me vienes a justificar la bronca y el alboroto que había aquí. O me dices quienes fueron los responsables, o subo ahora mismo a la Dirección y lo digo todo.

Como no recibió respuesta a su petición, más airado agregó.

—¡A mí no me van a echar a perder mi trabajo un grupo de "facinerosos" y malcriados! ¡No me van a sancionar, claro que no!

Y salió disparado para la dirección dejando atrás las sonrisas burlonas de unos y las miradas incrédulas de otros.

Los saludos

¡Los saludos! Miren que se ha discutido, analizado, llevado, traído y vuelto a llevar —me disculpan el trabalenguas— el tema, de que si son o no convenientes, los saludos en la radio. De lo que no tengo dudas es que atraen audiencia a montones.

Los detractores de los saludos en la radio, por lo general los más jóvenes que han llegado con "aires renovadores", alegan entre otras cosas, que estos son anticuados, que no se avienen a los tiempos y que van contra la corriente "modernista" y los avances en el medio. Los defensores —que son bastante por cierto, y me incluyo—, plantean que fortalecen la interrelación oyente-emisora, fundamental en la comunicación. Alegan que los saludos son para una planta radial como "la tapa al caldero", o el colcho a la botella, van unidos o no van, y me perdonan las comparaciones y no dejan de tener razón.

¡En fin! Una emisora de radio sin saludos no es emisora. No vamos a incluir por supuesto a "Radio Reloj", "Radio Enciclopedia", "Radio Taíno", y otras en el país que tienen un corte específico donde si no hay cabida para los muy discutidos saludos.

En mi modesto parecer, los saludos en las emisoras, sobre todo municipales y provinciales, fueron, son y serán bien recibidos por los radio-oyentes. Para ellos trabajamos.

Que "lance la primera piedra", el locutor o locutora, que no haya enviado uno en "su" programa. Entonces, ¿son válidos o no, los saludos en la radio?

Claro, hay saludos y "saludos". Estos deben ser, respetuosos, medidos, desenfadados, en tiempo, oportunos, y hasta simpáticos o graciosos.

Pero ellos son también un poco peligrosos. Nos explicamos.

Un saludo puede meter en aprietos a cualquier locutor por muy experimentado que este sea en los trajines radiales, y eso ha sucedido en nuestra planta en más de una ocasión. Ahora les cuento.

La locutora, Elina Pelegrí Trujillo, es toda una institución en la radio vueltabajera. Timbre de voz agradable, experiencia, conocimientos, responsabilidad, amor por su trabajo, y mucha seguridad en la lectura, son cualidades que la identifican y de hecho la convierten en una excelente locutora radial. Ella es miembro del Consejo Artístico asesor de nuestra emisora, pertenece a la Cátedra de locución y además, imparte clases a futuros locutores.

La voz de Elina, está presente en la identificación de "Radio Guamá", "la señal sonora de la familia pinareña".

Se encontraba Elina de locutora en la "Discoteca Popular", espacio que se transmitía de lunes a sábado, en el horario de ocho a diez de la mañana.

En la recepción de nuestra planta se recibían los saludos, de manera personal o por la vía telefónica, y luego pasaban a la Cabina Central, a manos del operador de audio, que a su vez se los hacía llegar a la locutora del espacio, pues en esa época no se había habilitado en provincias, la plaza de director, al menos de manera "oficial" en programas de corte musical variado, como era la "Discoteca Popular.

También eran situadas sobre la mesa de locución como "relleno" y por si hacían falta, diez o quince cartas, abiertas de antemano y minuciosamente revisadas por el jefe de la redacción.

Estaba entusiasmada Elina enviando saludos a los residentes en la comunidad serrana de San Andrés, de ahí, y gracias al encanto y magia de la radio, se trasladaba hasta los exuberantes y afrodisíacos parajes del Cabo de San Antonio, donde también nos escuchaban, y acto seguido, les dedicaba a los residentes en el lugar, una bella y conocida melodía. Luego continuaba con alguna que otra nota redactada especialmente para la "Discoteca Popular" y volvía a la música y los saludos, hasta que...

—En la "Discoteca Popular" de "Radio Guamá", tenemos efusivos saludos en el día de su cumpleaños para el joven Alan Brito Prieto. Alambrito, trabaja en el taller de enrollado de motores, ubicado en la calle tercera del reparto "Hermanos Cruz".

La fluidez en la locución a la hora de dar el saludo, contribuyó a la efectividad de la broma.

Quedó Elina pensativa, como "procesando", releyendo lo escrito en el papel y que "diligentemente", el operador de audio, Lázaro Delgado y del Castillo le había entregado. Anunció el próximo número musical y volvió a leer una vez más, para sí, el texto, que ahora si le pareció "algo raro".

"Alan... Brito... Prieto..." ¡Alambrito prieto! —¡Me chivaron! —exclamó.

Lejos de molestarse, Elina sonrió para sus adentros. No tuvo dudas, "alguien" le había jugado una broma un poco pesada al pasarle el papelito saludando al joven, Alan Brito Prieto, que para colmo de los colmos era, trabajador del taller de enrollado de motores del... ¡Qué bien se la hicieron los muchachos esta vez!

Un tiempo después, pusieron en aprietos al locutor, Jesús Benítez Rubio, en el programa de "Sabor con la Aragón", que se transmitía de una y media a dos de la tarde, con la música de la emblemática orquesta. Solo que el alambrito prieto, que saludó Benítez, sin percatarse tampoco de la "trastada", laboraba supuestamente, como jefe de no recuerdo qué departamento en la Empresa Eléctrica Provincial.

A pesar de cualquier inconveniente que se pueda presentar en la emisión, los saludos en la radio gustan, y tienen garantizados, un montón de admiradores. ¡Sí señor!

Luis Enrique

Me sugirió incluir esta anécdota en el libro, July Puentes, de quien ya hemos hablado con anterioridad, hermano del operador de sonido —prematuramente fallecido— Orlando Puentes, más conocido en nuestros predios por " Orlandito ", gran amigo de Luis Enrique, o "Kike" de la Cruz Rojas.

Me planteaba July, y no deja de tener razón, que sería lamentable dejar fuera esta " joyita " en nuestro libro de anécdotas, y que además serviría para recordar a quien fuera, en mi criterio personal, el locutor más popular de "Radio Guamá".

Luis Enrique como Orlandito, falleció también cuando contaba con menos de 35 años. Como dije anteriormente, estuve de acuerdo con July en lo acertado de su razonamiento, y también, en que lejos de parecer ofensiva esta narración como algunos pudieran pensar, serviría para recordar a un amigo en común. Conociendo a este " señor locutor "por muchos años y dado su carácter afable y jaranero, estamos más que seguros que él la hubiese aprobado sin vacilación alguna.

A Luis Enrique de la Cruz Rojas lo conocí, cuando en los años 70, era yo un ferviente y entusiasta promotor y participante, en eventos a todos los niveles, relacionados con los Talleres Literarios , fructíferos eventos del que emergieron destacados representantes de las letras cubanas, y que aprovecho para decir, afortunadamente para cualquier principiante, han sobrevivido hasta nuestro días. Luis Enrique se desempeñaba como anunciante en algunos "carros parlantes", y además era un "arrebatado" a los amplificadores, —el mismo los reparaba e innovaba con excelentes resultados—, también era un auténtico adicto a las bocinas y todo lo que tuviera que ver con los sistemas de audio y luces en espectáculos de cualquier tipo. Si mal no recuerdo, laboraba en una dependencia provincial del Ministerio de Cultura en Pinar del Río, y no fue hasta unos años después que comenzó a trabajar, —luego de pasar y aprobar su correspondiente curso,—como locutor oficial o en la nómina de "Radio Guamá".

Tenía Luis Enrique, voz atractiva, buen timbre, dicción impecable, carisma, fluidez y excelente nivel de improvisación, todo o casi todo lo que necesita un locutor para triunfar en este importante y solicitado medio. Yo diría que era la voz más bonita que ha pasado por nuestra emisora después de la década de los años sesenta y por consiguiente la que más caló en la población y me estoy haciendo eco de la mayoría de los que en muchas ocasiones lo escuchamos y trabajamos con él. Se agregaba a todas las cualidades mencionadas, su carácter jovial dentro y fuera de la emisora, buen amigo también y excelente compañero de trabajo, aunque de vez en cuando, gustaba de hacer una que otra broma, junto a otros dos " personajes ", que pasaron también por la radio pinareña, operadores de audio o sonido para más señas que también dejaron sus huellas, y de los que contaremos más adelante antes de finalizar el libro.

La contrapartida a todas las condiciones y cualidades que hacían de Luis Enrique un magnifico locutor o conductor radial, estaba en su figura, en su anatomía, aunque para decirlo con sus propias palabras, " yo no necesito ser bonitillo para nada, pues no trabajo en el cine ni en la televisión. Yo soy un hombre de la radio ", verdad irrefutable ciento por ciento. Era además Luis Enrique de la Cruz Rojas, más oscuro que una noche sin luna ni estrellas, que es mucho decir, y con un pelo canoso como copos de nieve, que contrastaba notablemente con toda su figura, aunque no rebasaba los 35 años, nariz bastante achatada, como la de un genuino boxeador, labios gruesos casi hinchados, cuello corto y para colmo de todo esto, algo "cargado" de espalda. Se desplazaba siempre como si tuviera prisa en un apurado y rítmico andar.

Se encontraba Luis Enrique como locutor en su espacio "Discoteca Popular del Aire"— subrayamos y ponemos en "negritas" su espacio, porque llegó a gustarle tanto a los oyentes, que una vez instalado en él no hubo manera de arrebatárselo, siendo éste uno de los programas estelares de la emisora y por ende el más codiciado por todos los profesionales que allí laborábamos— cuando en la recepción de la emisora, se apareció en persona la Venus de Milo. Bueno, no era realmente la Venus, porque aparte de su belleza escultural y facial y de la admiración que por tan soberana representación femenina siento, a ella lamentablemente le faltan partes de sus brazos, y por lo general, solamente puedo verla en fotos donde aparece esculpida, y aunque mutilada siempre bella, y créanme, la muchachita que entró por la puerta de la emisora ese día, estaba enterita y era una auténtica criatura de carne y hueso, más carne que hueso diría yo. A la lindura no le faltaba nada "nadita de nada" "ni un tantito así". No tenía comparación esta muñeca con ninguna mujer viva, ni muerta en el mundo, al menos que haya visto yo... ¡Aquella era una diosa del Olimpo! La perfección en persona. Resumiendo, la verdad es que la trigueñota, de casi seis pies de estatura, merecía le dedicaran, un monumento a su belleza.

—¡Buenos días! —dejó deslizar entre sus labios rosados y pulposos, al tiempo que exhibía una perfecta y blanquísima dentadura, digna para representar a cualquier anuncio comercial.

—Qué desea —respondió secamente la recepcionista de turno, que francamente había visto pasar sus mejores años, si es que alguna vez los tuvo, y un tanto molesta por la inesperada presencia de la muchacha, que de paso interrumpía la tarea subrepticia de pintar sus uñas, al menos por el momento. Que envidia sentía Domitila que así se llamaba la trabajadora, ante tan descomunal belleza, sin dudas la joven le hacía recordar que ella, ni aún pintada y arreglada para las fotos de sus "quince primaveras", había podido lucir así. Celos o envidia de algunas mujeres, diría yo.

—Mire, yo vivo en "Las Martinas", y vengo para "ver" a mi ídolo, el locutor Luis Enrique de la Cruz —dijo la muchacha repitiendo la sonrisa, y como no recibió respuesta alguna a sus palabras, en el mismo tono amistoso, agregó —es que yo soy admiradora de la "Discoteca Popular" y en especial de Luis Enrique de la Cruz.

—Vaya, vaya —apenas murmuró la recepcionista, y no pudo más que pensar para sus adentros —"Otra más para ver a Luis Enrique".

Lo cierto era que, mulatas, indias, blancas, negras, árabes, japonesas, rusas y hasta coreanas habían pasado por allí para conocer personalmente al locutor.

—Bueno, te voy a decir la verdad —dijo por fin la recepcionista.

La visitante puso cara de contrariedad.

—Es que él no puede salir de la cabina de transmisiones hasta que termine el programa. Acaba de empezar hace unos minutos.

Y tratando de persuadir a la muchacha para que no esperara al locutor, agregó.

—A lo mejor ni relevo tiene, porque oí decir en comentarios de pasillo cuando llegué, que "El Chin" Noel —este era otro locutor de la emisora —mandó a decir que está enfermo y no viene a trabajar.

—Ese no es un gran problema. No hay inconveniente —dijo con firmeza la muchacha —Si a usted no le molesta yo me siento a esperarlo, además, así refresco un poco con el aire acondicionado — ¡Qué bien se está aquí! Usted sabe, hice un viaje desde tan lejos.

Ante tanta tozudez, a la recepcionista no le quedó más remedio que aceptar mientras hacía un movimiento afirmativo con la cabeza. La muchacha se fue directo para el sofá. Ya sentada en el mullido mueble, cruzó una de las " columnas " del Capitolio Nacional, o para ser más exactos, encaramó una pierna sobre otra, lo que hizo que se le corriera la falda una cuarta más por encima de la rodilla. Acción fría y previamente calculada que dejaba ver sus torneados y bronceados muslos. Luego puntualizó, simpática pero con firmeza.

—Yo no me voy hoy para " Las Martinas ", hasta que vea a mi locutor. No recorrí más de ochenta kilómetros hasta aquí por gusto. ¡Y que le digo a mis amigas! —Luego trató de suavizar el tono de su voz y de cierta manera lo logró. —Mire compañera, me perdona mi empecinamiento, yo sé que usted no tiene la culpa, pero me voy a quedar hasta que Luis Enrique termine la Discoteca.

—Bueno, si tú lo prefieres —le dijo a la muchacha la recepcionista —y para sus adentros pensó. "al que por su gusto muere, la muerte le sabe a gloria, allá ella con su condena que cará" —y esbozando una sonrisa bastante forzada por cierto, se dirigió nuevamente a la jovencita. —Mira, acomódate, y hazte la idea que estás en "tu" casa. Y aprovechando la presencia de Orlandito Puentes que casualmente hacía su entrada por la puerta principal de la emisora agregó. —Hazme el favor Orlandito y pasa por la cabina. Dile a Luis Enrique, que lo están esperando en la recepción. El teléfono está roto y yo no puedo pasarle el recado desde aquí.

El recién llegado echó un vistazo de soslayo para la muchacha aún sentada en el sofá, y dijo haciendo una simpática reverencia ante la recepcionista.

—Sus órdenes serán cumplidas "mí reina" —Y se alejó por el pasillo hacia la Cabina Central.

En aras de ganar en síntesis, no vamos a narrar aquí la conversación de Orlandito Puentes —que era uno de los mejores amigos de Luis Enrique— cuando le dio el recado en la cabina, solo que se lo dijo, pero no le describió a la "monstruosidad" de hembra que acababa de ver en la recepción, se lo omitió deliberadamente, pues él mejor que nadie conocía otros ligeros percances que había tenido el locutor con algunas de sus admiradoras. Lo que hizo Orlandito fue "echarle más leña al fuego", y le comunicó que le tenía la gran sorpresa, pues una amiga muy querida por ambos, lo estaba esperando para darle un recado "muy importante", y que no se lo transmitió a él, pues según ella le argumentó se trababa de algo estrictamente personal y confidencial.

Así logró crear la atmósfera con intriga incluida, y además despertar la curiosidad en su amigo locutor.

Terminada la "Discoteca Popular del Aire", fue Orlandito, que se encontraba trabajando en la Sala de Ediciones, a buscar a Luis Enrique, y ambos se dirigieron presurosos a la salida principal de la emisora.

—¿Quién era la que me quería ver? —le preguntó el locutor a la recepcionista al no ver en el lugar a alguien que le fuera conocido —¿Quién pregunta por mí, Domitila?

Orlandito, que ya venía hacía rato con la broma calculada y "metida en su cabeza", no le dio tiempo a la recepcionista para responder. Haló por un brazo a Luis Enrique y casi lo empujó hacia el sofá, donde un poco turbada y más que eso totalmente desconcertada, sorprendida y asombrada se encontraba la bella y "descomunal" visitante. Acto seguido extendió una de sus manos en señal de cortesía para la muchacha.

—Déjame presentarme muñeca ya que ahorita no tuve tiempo para eso. Yo soy Orlandito Puentes, del equipo provincial de ciclismo —y en verdad lo era— y además uno de los mejores editores musicales de la emisora. Y este que tenemos aquí, —le dio una palmadita a su amigo en el hombro— es el "señor locutor", Luis Enrique de la Cruz Roja que usted está interesada en conocer.

La muchacha los miraba a los dos indistintamente, con una sonrisa congelada en su rostro, y sin acabar de salir del asombro. Aún sentada pues las piernas le temblaban y no había podido ponerse de pie, daba la impresión de que se enterraba cada vez más en el sofá. Al fin gimió y pronunció un apenas audible...

—¡Nooooo! —Después casi gritó. —¡No es posible! ¡Este no es Luis Enrique de la Cruz! Ahora sí se incorporó la muchacha, cuyos zapatos de tacones altos hacían más elegante, su esbelta y bella su figura.

—Yo... yo —casi tartamudeó. —¿Qué chiste es este? ¿Por qué no le avisaron a Luis Enrique el locutor? —algo nerviosa preguntó. —Y volviéndose a la recepcionista le espetó. —¡Ver para creer Dios mío ¡ Y yo que pensaba que las personas que trabajan aquí en "Radio Guamá", eran más serias y sanas. ¡Qué decepción!

—Que usted quiere que le diga, compañera —dijo la de la recepción poniendo cara de "Yo no fui, y pensando para sus adentros, "ella misma se lo buscó" —Ese es Luis Enrique su locutor, y el otro, Orlandito el editor, al menos que sepa yo —tajantemente concluyó.

—Este será "su" Luis Enrique —dijo la muchacha ya muy molesta, mirando con odio a Orlandito que casi no podía aguantar la risa y luego para Luis Enrique, que para ser justo, en esta oportunidad sí sufría por la pena que le causaba tan incómoda y molesta situación.

Y apuntando de nuevo a Luis Enrique con un dedo acusador...

—Tú te llamarás Luis Enrique, pero no eres Luis Enrique de la Cruz Rojas, porque a "ese" si lo "conozco", por mi radio yo.

Y salió con pasos apresurados, taconeando, casi corriendo, muy molesta de la emisora.

Cuentan algunos que la conocieron en " Las Martinas ", que esta bella muchacha ferviente enamorada de las ondas hertzianas, nunca más volvió a sintonizar "Radio Guamá". Sus motivos tendrían para ello, afirmo yo.

Recepcionistas

Que a nadie le quepa dudas de que las recepcionistas, en una emisora radial, juegan un papel tan importante como el de cualquier miembro del colectivo, aunque en ocasiones se trata por parte de algunos " sesudos " de minimizar su trabajo, al no considerarlas parte del " núcleo artístico " de la planta, por decirlo de alguna manera.

Bueno, son importantes las recepcionistas en cualquier centro laboral, y en lo particular para mí, si son bonitas, agradables, sonrientes, y sobre todo si son, como decía el cómico villareño, "Chaflán", que debían ser las enfermeras, cariñosas , mucho mejor. Pero les repito, que en una planta radial, lo deben ser aún más.

Las recepcionistas vienen a ser, los rostros feos o bonitos, del centro donde laboran. Ellas en una emisora, además de sus funciones normales que todos conocemos, tienen que recoger saludos para transmitirlos en los programas, atender llamadas telefónicas " en vivo " o no y que muy a menudo saturan la pizarra, entregar objetos encontrados que van desde la billetera perdida —sin el dinero la mayoría de las veces, claro está— hasta una prótesis dental, orientar a los oyentes que se dirigen en busca de información sobre cualquier programa, seleccionar correspondencia, repetir resultados de concursos y hasta de informar a algún que otro fanático despistado, sobre los resultados del juego de béisbol que acaba de finalizar. La recepcionista de la emisora, según criterio de algunos radioescuchas, deben estar bien informadas también sobre todo lo que se mueve y desarrolla en su entorno, incluyendo si sacaron calderos o espumaderas en la ferretería , así como conocer nombres direcciones , y hasta fechas de nacimiento y lugares y hora exacta de enterramiento de los pobres difuntos que se encuentran tendidos en la funeraria local, se incluye también el parte meteorológico, especialmente en época de ciclones, ese por nada ni nadie en el mundo puede faltar.

¡En fin! ...uhhhhh, estar atendiendo la recepción de una planta radial no resulta tarea fácil para nadie. Y sucede que..... Este....Vaya.... Sin ánimos de justificar pero, SÍ, la recepcionista de una planta radial, como la de cualquier otro centro laboral, es humana no una máquina y está expuesta a equivocaciones. Ella puede en un momento dado estar, entretenida, preocupada, estresada, confundida, enamorada, y hasta totalmente errada, es decir...Caballeros, para no darle más vuelta al asunto e ir al grano, digamos que también tiene derecho a errar..Y si no lo creen así, que lance la primera piedra el que no se haya equivocado. Simple y llanamente, ese, no existeeeee.

En "Radio Guamá" laboró, hoy se encuentra jubilada y a cada rato nos visita, una recepcionista "sui generis ", magnífica compañera, muy eficiente y segura para acopiar y seleccionar saludos, su nombre, Eva Rosa Concepción.

En la anécdota que les narraremos, estarán como protagonistas principales, la subdirectora económica, durante más de treinta años en la emisora, muy profesional y excelente trabajadora, Margocita y como ya escribimos, la susodicha, Eva Rosa Concepción.

Se acercaba la fecha señalada para el pago a los trabajadores, "Día de los Padres", como decimos en Cuba, y además, jornada de " sobrecarga "laboral para la jefa de economía y de todos los que tienen que ver con la remuneración monetaria de los que trabajan en la planta.

Sucedió que esa mañana, bien temprano, —apenas eran las siete, y la jornada iniciaba a las ocho—, entró Margocita a la emisora algo acelerada ", por no recuerdo qué trabas o dificultades que habían desde la noche anterior en el " cuadre" de las nóminas, y sin apenas saludar, de forma autoritaria para darle más énfasis a sus palabras, se dirigió a la ya mencionada recepcionista.

—Oye Eva, si me vienen a buscar o me llaman por teléfono, no digas que estoy aquí. Yo no existo. Tenemos que " cuadrar "las nóminas para pagar por la tarde y no tengo tiempo para atender a nadie —y moviendo la cabeza en forma negativa, recalcó —A nadieeeeeee. ¿Entendido?

Eva hizo un gesto afirmativo con la cabeza demostrando comprensión, pero tratando de aclarar sus dudas y dando muestras de su eficiencia como recepcionista, preguntó: —¿Y si llaman desde tu casa, Margocita.?

—Habrase visto cara. Si te lo acabo de decir, Eva Rosa, más clarito ni el agua. A nadie es a nadie. Que me vean cuando llegue por la tarde. No quiero que me molesten hoy.

Eva ni siquiera se inmutó. Movió los hombros en señal de indiferencia como diciendo, " Bueno, es asunto tuyo, no tengo porque meterme ", y se dispuso para atender una llamada que acababa de entrar por la pizarra.

—¿Con quién...Con Margocita? No compañero, no ha llegado todavía.

Entonces hizo un guiño de complicidad para Margocita que sonrió de manera aprobatoria, muy, pero que muy satisfecha con la respuesta que acababa de escuchar.

Así salió la subdirectora para su oficina situada en la planta alta de la emisora, y comenzó con las demás compañeras que habían llegado un poco antes que ella, su trabajo en el cuadre de las nóminas donde no había quien le pusiera un pie delante. Eva atendió otra llamada y se dio a la tarea de clasificar las cartas para "entretenerse", y ayudar de paso a los que laboraban en "Programación". Pasó casi una hora hasta que sonó por centésima vez la señal en la pizarra telefónica, repleta de llamadas esa "fatídica" mañana.

"Uhh, no voy a terminar con las dichosas cartas ¡Mira que han entrado llamadas! —pensó Eva mientras levantaba el auricular de la recepción.

"Ringggg Ringgg " —"Radio Guamá". Buenos días. —dijo Eva contestando la llamada recién llegada a la pizarra.

—Buenos días compañera. —respondió la voz un poco " engolada " del lado de allá de la línea.

—En qué puedo servirle —preguntó solícita Eva Rosa.

—Si usted fuera tan amable de ponerme con Margocita.

Y como entre cartas, llamadas y recados, Eva ya había olvidado las múltiples advertencias de Margocita, le dijo amablemente al "funcionario del gobierno" que la procuraba.

—Un momento por favor, déjeme ver si está.

Así marcó el 34, número que conectaba con el departamento económico de "Radio Guamá".

"Rinnnggg ringggg, ringgg, ringgg " —sonaba insistentemente en la ajetreada oficina el auricular.

Finalmente, respondió la voz un poco alterada de Margocita, del lado de allá.

—¿Qué es lo que sucede Eva?

—Te llaman del gobierno. —dijo secamente Eva, recordando en ese momento y de repente las múltiples advertencias de Margocita.

Lo que sucedió después fue algo así como el tantas veces anunciado y no menos famoso "Armagedón". Aquello que le entró por los oídos a Eva no fueron palabras sino puñales, así me lo contó ella unos años después.

—¡No te dije que no estaba para nadie Eva Rosa Concepción¡ ¡De que manera tengo que hablar contigo! Si me llaman otra vez le dices al que sea que...

Eva no la dejo terminar. Tratando de darle importancia a la llamada pronunció.

— Es "fulano el del gobierno" Margocita. Por eso te pasé la llamada.

La rectificación de su error o como le quieran llamar, no hizo más que exacerbar la ira de Margocita. Además le molestaba también que le " metieran miedo " con alguien del " gobierno".

— ¡Que no estoy para "fulano", ni "sutano", ni "esperanzejo". Ni para la madre de los tomates, estoy "cuadrando" la nómina " c...!

Y ahí mismito fue cuando para sorpresa de Eva y de la propia subdirectora económica de la emisora, llegó la voz del lado de allá del teléfono, como salida de ultratumba, que dijo algo asombrado, pero más pícaro que molesto.

— ¡Oye Margocita, te estoy oyendo! — y colgó.

Nada. Cosas que pasan.

Inconscientemente, la recepcionista había dejado la línea exterior o de la calle conectada a la de Economía, y así fue como lamentablemente, se "filtró", o "chorreó", toda la conversación.

Visita inesperada

Trabajó en "Radio Guamá", como custodio, o CVP, —que es lo mismo aunque evidentemente no se escribe igual—, allá por la década de los años ochenta, un señor ya entrado en años, que hizo historia en la emisora, por ser un celoso cumplidor de los reglamentos establecidos ,u "órdenes de arriba" como a él mismo le gustaba denominarlas.

—Muchachos, lo siento. —aquí hacía una pausa para luego argumentar con cara de buena gente —son "órdenes de arriba"...y hay que cumplirlas

Así se expresaba cuando olía que se podía desarrollar una situación embarazosa en la que por nada del mundo se quería ver implicado. Y hacía bien diría yo aunque a veces exageraba, depende del ángulo desde donde se mirara. Estas situaciones podían presentarse de las más disímiles maneras. Por ejemplo. "No se puede pasar comida a las cabinas " "No pueden transitar por el pasillo central en horario laboral ", " No llamadas para la calle desde la Cabina Central " " No se permite entrar a los estudios con zapatos sin las correspondientes botas protectoras de tela puestas ". " no se puede fumar " " Hay que hablar en voz baja y no hacer grupos " ¡En fin! ¡Para que contar! pero reglas al fin, y que dicho sea de paso, eran violadas en infinidad de ocasiones y subrepticiamente por muchos, sobre todos los más jóvenes.

En honor a la verdad, como ya dijimos, este sujeto de quien contamos, a veces se pasaba en el cumplimiento de su deber, y trataba de aplicar leyes que se avenían más a una unidad de Tropas Especiales o Ranger, que a las de un centro de trabajo común y corriente, aunque con algunas características adicionales. Todo lo anterior traía como consecuencias, que a pesar de estar evidentemente cumpliendo con su deber, no gozara de las simpatías de muchos trabajadores.

No era una mala persona este " cadete ", un poquito cabezón, bajito, y de pelo escaso y corto, pero la verdad es que Faustino Piloto, —ese era su nombre— se parecía más a un militar recién egresado de la academia que al común custodio de una emisora radial.

Pues sucedió que " a cada santo le llega su día ", como reza un viejo refrán popular, y a Faustino le llegó el suyo con la primavera en el mes de mayo del año mil novecientos ochenta y dos. Ese día, o mejor dicho, esa noche, todo transcurría con normalidad dentro de la emisora. Luis Salgado había llegado puntual a la sala de ediciones, cosa muy rara en él , los que trabajaban en Cabina tenían las botas de tela puestas —semejantes a las que se usan en los hospitales— para evitar como se argumentaba en esos tiempos, que se colara polvo en los estudios , aunque la verdad es que a mí en lo particular nunca me convencieron tales argumentos, pues en ocasiones había más polvo en las mismas botas que en una arenera en plena producción, y el personal transitaba con su correspondiente "solapin", que era una especie de identificación. En fin, nada fuera de lugar o incorrecto que pudiera afectar la vida normal en "Radio Guamá". La situación estaba " totalmente controlada " para expresarlo con palabras que al mismo Justino le encantaba pronunciar.

Pero de pronto, ocurrió algo inesperado y fuera de lugar.

Aparecieron para sorpresa de los que estaban en el turno, dos personajes en la mismísima puerta de la Cabina Central.

La puerta estaba en esos momentos abierta —debía por regla permanecer cerrada como medida de protección— pero la habían abierto para que circulara un poco de aire ambiente, pues el sistema de consolas de aire acondicionado, se encontraba dañado desde hacía varios días y el calor que hacía era infernal.

Los personajes eran una pareja de ancianos que, con sendos maletines en sus manos, llegaron de repente y ni siquiera se presentaron.

—¡Buenas noches! —dijo la viejita que aparentaba 70 años o más.

—¡Buenas noche, mi vieja! —respondió totalmente asombrado, José Cabrera Torres, que era en esos momentos el operador de sonido y que no acababa de entender el motivo, ni la presencia de tan inusitada pareja en la puerta de la cabina.

Cabrera casi salta de su silla corrediza cuando el viejito, a " boca de jarro " le preguntó:

—Mijito, me puedes decir a qué hora sale la guagua para Piloto.

Piloto es el nombre de una zona rural ubicada más o menos a 20 kilómetros, de la ciudad capital en Pinar del Río.

Inmediatamente, como movido por un resorte, Cabrera se incorporó y poniéndole una mano al anciano sobre el hombro, sonriente le contestó.

—Mire mi viejo. Esta no es la terminal de ómnibus. Esto es "Radio Guamá"."

Y con la misma soltó la carcajada. La pareja no hizo más que pronunciar casi al unísono un "perdónanos mijito", al tiempo que le daban la espalda al operador, retornando por el largo y estrecho pasillo bellamente enchapado de mármol y que conduce desde la Cabina Central de transmisiones, hasta la entrada principal de la emisora.

Cuál no sería la sorpresa de la recepcionista de turno esa noche, y más aún del « oficial de cadetes «o custodio que se encontraba en la puerta principal cuando vio por vez primera a los ancianos que ya estaban a punto de salir.

Totalmente asombrado y un poco nervioso también por la extraña, inesperada y sorpresiva "aparición ", Faustino, con cara de pocos amigos, les ordenó.

— ¡Alto ahí!

Después un poco más relajado preguntó.

— ¿Y ustedes por dónde entraron mis viejos?

A lo que la anciana muy desenfadada le respondió con la mayor naturalidad del mundo y haciendo otra pregunta.

— ¿Por dónde vamos a entrar "caballerito"? ¡Por la puerta! — y luego con una sonrisa pícara agregó — ¡Le aseguro que por el techo no fue!

Entonces, hablando bajo entre ellos, y evitando que los otros escucharan, se alejaron rumbo a la Terminal Interprovincial de Ómnibus, que está ubicada justamente al fondo de los estudios de " "Radio Guamá".

Luego conocimos lo que sucedió. Fue más o menos así.

En el momento en que la recepcionista se encontraba en el baño " cubriendo una emergencia", — fue como ella misma la definió — el custodio también respondió al " llamado urgente y perentorio " de su estómago y abandonó a todo correr la sala de espera sin tener tiempo para avisarle a su compañera de labores. Por un par de minutos quedó prácticamente abandonada y sin vigilancia la recepción, lo que facilitó en un breve lapso de tiempo la entrada de los ancianos a la emisora, y que luego continuaran sin imaginárselo siquiera, hasta la Cabina Central de Transmisiones.

Aquel suceso, aunque sin consecuencias mayores pues todos se lo callaron evitando consecuencias funestas y mayores responsabilidades, motivó por un tiempo la sonrisa burlona de algunos trabajadores, que de todas maneras se enteraron, sobre todo de los más jóvenes, que " cazaban " en los pasillos al " cadete " Faustino durante su turno de guardia, para con manifiesta malicia, preguntarle.

— ¿A qué hora sale la guagua para Piloto, Faustino?

Esto molestaba terriblemente al custodio, pero trataba de no demostrarlo, por temor a que los muchachos le "cogieran la baja", como me confesó años más tarde ya jubilado de "Radio Guamá"." De todas maneras, muchos, entre los que me cuento, no perdíamos ocasión para recordarle tan molesto percance a Faustino, o como decíamos en la emisora por aquellos años, " el hombre que se comió los frijoles blancos atrasados ", o lo que es lo mismo pues lo identificaba plenamente, "el de los viejitos de Piloto".

Que danzón más largo....

Entre los realizadores de sonido que pasaron por "Radio Guamá" —y créanme que fueron docenas los que conocí y traté—, recordamos al sanjuanero, ya fallecido, Adalberto Tabares Lazo.

Este operador no fue de los más diestros en el oficio, pero todos lo recordamos, por su manera hiperquinética de comportarse, tanto dentro de la emisora como es su vida personal. Había nacido así, según nos contó su progenitora, y así siguió por el resto de su vida, hasta que murió de una forma sorpresiva e inesperada —por un ataque al corazón— Había conversado media hora antes y jaraneado con este autor, mi actual esposa y otros trabajadores, cuando salió precipitadamente en bicicleta para su casa y nunca más regresó. Pedaleó apenas unas tres cuadras antes de caer fulminado por el infarto. Tenía 36 años. Pero así es la vida, ¿verdad?

Andaba, "El loco Tabares" —que es como todos lo conocíamos— siempre "acelerado", o como a él mismo le gustaba decir, a "full", " y con el cuenta millas recostado "que el tiempo es corto y hay que aprovecharlo", y él lo aprovechó y bastante, sobre todo en lo que al éxito con el sexo opuesto se refiere, aspecto bien importante en esta vida en cuanto a mí criterio personal se refiere. Y que me incineren en la hoguera por pecador si lo prefieren.

Tomó parte con sólo 16 años, en la guerra Sirio-israelí por la conquista de las" Alturas del Golán ", que ya es mucho decir, sobre todo por su edad, luego fue a dos guerras más, Angola y Etiopía, donde se desempeño nada más y nada menos que como artillero de proa de un tanque de fabricación soviética T-55. Digamos pues, que valor no le faltaba. Pero las guerras dejaron como es natural sus secuelas en aquel imberbe jovencito. Regresado a Cuba, mantuvo siempre un nerviosismo y comportamiento algo inestable que lo acompaño y acrecentó por el resto de sus días, hasta que no sé por qué vía o recomendación, logró entrar a trabajar en la radio. Pero bueno, ese no es el punto que nos ocupa ahora.

Hagamos también la aclaración, de que en el medio radial no brilló precisamente por su creatividad, distaba mucho de ser el mejor en su trabajo profesional, pero la gente lo "sobrellevaba". Era una buena persona, aunque como ya dijimos, como operador de audio o sonido resolvía la situación, pero nada más.

En cierta ocasión se encontraba Tabares Lazo como operador de audio realizando sus funciones en la Cabina Central de Transmisiones, formando parte del colectivo del programa "Danzones" que se radiaba "en vivo", los domingos en el horario de nueve a nueve y treinta de la noche. Este espacio se realizaba con tres o cuatro números musicales —en dependencia del tiempo de duración de estos, que por lo general es bastante largo— y se añadían notas informativas con detalles sobre la trayectoria de las agrupaciones que tomaban parte en el espacio

La orquesta de Antonio María Romeu, "Maravillas de Florida", "Arcaño y sus maravillas" y la mundialmente conocida Orquesta Aragón que dirigía el maestro, Rafael Lay, formaban parte diaria en la producción del programa.

Realizada la presentación de "Danzones", anunció el locutor la primera página musical. Se trataba, nada más y nada menos que de "El cadete constitucional", kilométrico, por decirlo de alguna manera, y no menos antológico danzón interpretado magistralmente por la referida "Orquesta de Antonio María Romeu".

Oprimió, el "PLAY" nuestro operador, y comenzó a sonar en la reproductora, la cadenciosa y no menos conocida melodía. No pasaron dos minutos y detuvo Tabares la grabación, apretando acto seguido el botón de "EN EL AIRE".

El locutor, quien sin lugar a dudas estaba algo entretenido, o "fuera de programa", no se percató del breve tiempo que había consumido la mencionada pieza musical —cosa nada habitual tratándose de un danzón que por regla general consume tiempo.

Leyó la primera nota. Anunció el segundo número musical y volvió Tabares a oprimir el "PLAY", así sonaron nuevos acordes en la máquina reproductora.

Entre notas leídas por el locutor, y música pasaron más o menos diez minutos. Luego vino el "despelote", "ardió Troya", en la cabina. Se le acabaron las notas del guión al locutor, y éste se dio cuenta horrorizado de todo lo que sucedió. Soberana "metedura de pata" de Tabares, así fue como él me lo definió. Para serles justo y franco, para mí, la culpa fue de los dos. Al finalizar "El cadete constitucional", mutilado en "diez mil" y más fragmentos, ya no tenía notas que dar.

Resultó, que el operador había realizado el programa ¡con un solo número musical! ¡Qué horror!

Aún así, al hiperquinético operador de audio le pareció insignificante el grave error cometido, que seguramente clasifica entre los disparates más grandes de la radiodifusión nacional, y cuando personalmente le preguntaba para mortificarlo y recordarle el desagradable suceso.

—¿Qué te pasó con "Danzones", Tabares?

Despreocupadamente, apenas sin inmutarse y restándole importancia, me contestaba.

—¡No pasó nada, "chinito"! Son gajes del oficio. Cosas de la Radio. Tú puedes estar seguro de que al panadero de la esquina se le puede "volar" el horno, o al albañil, "chorrear" la mezcla, pero nunca,-y ponía énfasis en esto. —Nunca les va a suceder semejante cosa. ¡A nosotros sí! ¿Estás de acuerdo?

Y claro que no podíamos estar de acuerdo con semejante filosofía o justificación, pero qué sentido tenía ponernos a discutir con "El loco", Adalberto Tabares, si según creía, a él siempre le asistía la razón.

El vivo Cartaya

Luis Alberto Milians, o "El vivo Cartaya", que era como lo conocíamos en "Radio Guamá", fue en la más completa definición de la palabra, "Un hombre de la Radio", en este giro se destacó sobremanera, al fusionar toda una serie de requisitos y cualidades imprescindibles para triunfar en el medio.

Poeta, narrador, guionista, escritor de literatura infantil y para adultos, director de los más variados espacios, entrevistador y hasta narrador deportivo, fueron algunos de los "oficios" que pasaron a formar parte de su curriculum, agrégueselo a eso, osadía, atrevimiento, un fino sentido del humor y el olfato o la intuición que poseía para detectar el lugar exacto o el individuo que le brindaría el más sonado "palo periodístico". Yo diría que por todo esto fue superior a muchos en la emisora. Él llegó a ser también uno de los más destacados impulsores de la cultura y el deporte en su natal municipio de San Juan y Martínez. Actualmente existe en su terruño —que dicho sea de paso es la tierra del mejor tabaco del mundo— una peña deportiva que lleva el nombre de tan destacado creador en el más extenso sentido de la palabra.

Comenzó "El Vivo Cartaya" a laborar en la radio pinareña a finales de los años sesenta —antes que yo que lo hice en 1975— y fue premiado dentro y fuera del medio en múltiples ocasiones, incluidos concursos internacionales.

La cualidad que más apreciamos siempre de Cartaya, por encima de sus defectos que también los tuvo, fue su osadía para acometer cualquier tarea dentro de la radio, por inverosímil o difícil que esta pareciera, pero siempre en aras de enriquecer el espacio en que tomara parte.

Desde la Cabina Central y con los recursos limitados de cualquier planta provincial, que nunca han sido los mismos por supuesto que los de las estaciones nacionales, llegó a contactar telefónicamente y mediante gestiones propias, gracias a sus habilidades, con importantes personalidades del ámbito nacional e internacional.

Como dijimos al inicio, Luis Alberto Milians incursionó como muchos otros en "Radio Guamá", por los predios deportivos. Le encantaba esa modalidad. Probó "suerte" como narrador y comentarista, donde en honor a la verdad, digamos que no brilló, pero resolvía la situación, en una etapa en que escaseaban los especialistas en tan difícil materia.

De " Vivo Cartaya", recordamos estos breves "gazapos" radiales, que a pesar de los años transcurridos, aún se escuchan en los pasillos de la emisora y perduran en la memoria colectiva de los trabajadores.

En la transmisión de un juego de béisbol que se originaba en el recién inaugurado estadio "Hermanos Saíz" de San Juan y Martínez entre los equipos, "Citricultores", de Matanzas y "Vegueros" como parte de la Octava Serie Nacional, expresó desenfadadamente, como si estuviera haciendo un gran aporte a las narraciones deportivas cubanas —o tratando quizás de copiar a Héctor Rodríguez, Eddy Martín, Roberto Pacheco, o al mismísimo Boby Salamanca, cuando el múltiples ocasiones expresaban en algunos eventos internacionales, que se encontraban a tantos metros sobre el nivel del mar —¡En fin! que narró nuestro ya desaparecido amigo "Vivo Cartaya".

—Les recordamos amigas y amigos aficionados, que esta transmisión se origina directamente desde el estadio "Hermanos Saíz", situado aproximadamente a 15 metros sobre el nivel del río San Juan. Y efectivamente, el mencionado río, fluye más abajo, por un costado y de forma paralela a la instalación deportiva sanjuanera. ¡Le zumba la berenjena"!

En otra oportunidad en que se jugaba en su terruño natal —a él siempre lo llamaban para esas ocasiones— a "El Vivo Cartaya" se le fue otro de sus soberanos gazapos. —narró:

—Con este fraternal encuentro entre los equipos "Industriales", de la capital y "Pinar del Río", estamos celebrando, un nuevo aniversario de la quema de San Juan y Martínez, el Bayamo de Occidente. Lo único que le faltó decir fue: Que vengan la música y la cerveza que ya estamos festejando tan histórico momento. En honor a la verdad, todavía existen muchos comunicadores en el país, que en lugar de conmemorar, celebran momentos luctuosos, o fechas de triste recordación para nuestro país.

En otra ocasión. Transmisión en vivo desde el modesto y también recién inaugurado estadio "Leopoldo Treche", del municipio de San Luis. Pequeñas gradas construidas de madera, sirven de asiento a los espectadores. La instalación, aunque un tanto rudimentaria y con sus limitaciones es todo un ejemplo en el territorio pues ha sido construida con el esfuerzo de muchos de sus pobladores principalmente de los aficionados al deporte de las bolas y los strike que afortunadamente en Cuba somos los más. Tiene incluso, una pequeña Cabina donde han sido instalados los micrófonos de "Cadena Occidental" antecesora de "Radio Guamá". Narran, "El Vivo Cartaya " y el no menos carismático, Rafael Cao Fernández.

—A la caja de bateo, Fidel Linares —dice "El Vivo Cartaya"—. Linares, todo un producto de nuestro territorio —amplía orgulloso el narrador, profundo conocedor de las cualidades y trayectoria del conocido pelotero, por ser también su coterráneo.

—Linares batea para un promedio de 345 con seis jonrones en lo que va de campaña —apoya, Cao Fernández

—Ya se prepara el pichert. Mira para primera cuidando a Felipito Álvarez, que adelanta bastante en primera. —continua Cartaya. —Ahí viene el lanzamiento.. Le tira y conecta un batazo largo, larguísimooooo que se va elevandooooooooo... ¡y la bola se fue del parque!

—Esto es locuraaaa en el "Leopoldo Treche". Dos carreras más para Pinar del Río. —Sentencia Cao Fernández

—¡Qué momento señooores!, !"El estadio tiembla... se viene abajo"!

Y así sucedió.

Fatídicas, memorables y aún recordadas palabras pronunciadas por nuestro querido narrador sanjuanero. Ahí mismo se escuchó una algarabía que nada tenía que ver con el largo jonrón conectado segundos antes por Fidel Linares. Gritos de terror mezclados con el crujido lento de una sección de gradas, craashhhh, cranshhhhh, que se derrumbaba para sorpresa y horror de todos los presentes.

De verás que el estadio, o parte de él " se vino abajo " como narró premonitoriamente, Luis Alberto Milians, o "El Vivo Cartaya".

Para concluir les regalamos ésta que a pasado a los anales de la narración deportiva en Pinar del Río.

Se efectuaba un torneo "cuadrangular" de béisbol, donde tomaba parte un equipo de Panamá. Se jugaba en el bello estadio "Capitán San Luís" de la ciudad pinareña.

Transmitía como era habitual la cadena provincial "Radio Guamá".

El cuarto bate en el equipo del istmo, un señor toletero nombrado Alonso Alain.

—Dos out en la pizarra, pero viene a batear su cuarto bate. Momento de tensión en el "San Luís", cuando viene a batear el panameño ALAIN DELON —narró Cartaya y luego recalcó —Delon tiene un promedio de...

Así fue como sin proponérselo y ni siquiera pensar en ello, el conocido astro del cine francés — gracias a la radio vueltabajera y al desliz del "Vivo Cartaya" —, no solo visitó la provincia pinareña, sino que también y para colmo de los colmos, jugó una cuadrangular internacional de pelota, en el estadio, "Capitán San Luis".

La llave doce

En "Radio Guamá" laboraba un realizador de sonido, que a fuerza de tenacidad, atrevimiento, inventivas y sobre todo a la experiencia adquirida por los años de trabajo en el medio radial, se fue especializando como ninguno, en las técnicas de grabación, especialmente de programas "en vivo" y con agrupaciones musicales de todo tipo o formato.

Me atrevería a afirmar que cientos de artistas vueltabajeros que hoy cosechan éxitos no solo en Cuba, sino en el ámbito internacional, conocen del cuidado y celo profesional de este artista el sonido. Su nombre, Lázaro Delgado y del Castillo.

En cierta ocasión, visitaron el Estudio Teatro de nuestra emisora, los integrantes de un grupo de aficionados, pertenecientes al Instituto Superior Pedagógico, "Rafael María de Mendive" de Pinar del Río. Realizados los ajustes preliminares, comenzó la grabación de los tres números programados para esa jornada. Este autor fue testigo del acontecimiento pues la grabación serviría, además de para engrosar la fonoteca de "Radio Guamá", para ser utilizada en un espacio que en esos momentos dirigía.

Pasaron casi cinco horas en el estudio, y los resultados esperados, por uno u otro motivo, no eran del agrado, ni del director del grupo, ni del especialista en sonido. Una y otra vez iban siendo registrados los acordes en la cinta magnetofónica, pues por los años 80 no contábamos con equipos computarizados y aunque se hacían los máximos esfuerzos, las grabaciones se realizaban de manera casi "artesanal".

Ya se habían grabado dos números con sus correspondientes "retoques" y arreglos. Estaban terminados, pero del tercero ¡ni hablar!, ni atrás ni alante salía, cuando llegaban a la mitad tenían que suspender por una u otra razón, y así se escuchaba el grito de Lázaro el grabador.

—¡Corten. No sirve! Vamos a empezar de nuevo. ¡Silencio! ¡Grabando!

Al fin, pasadas seis horas, todo parecía indicar que ya el tercer y último número programado iba "saliendo", por lo que estaba por concluir la agotadora jornada, amén de la presión que existía, pues nos habíamos pasado de tiempo y el estudio hacía falta para grabar otros espacios.

Todo iba a las "mil maravillas", cuando de repente, escuchó Lázaro Delgado, y también yo —que estaba del lado de acá, en el circuito cerrado de grabaciones en la cabina— la voz un poco "engolada" y en "segundo plano" del bongosero —un mulato de etiqueta— que decía:

—"Dame la llave doce para arreglar el bongó".

Y volvía a repetirse, como haciendo coro y bien bajito mirando para el bajista, buscando su aprobación.

Molesto en extremo al pensar que se estaba interrumpiendo una vez más la grabación, y precisamente cuando más entendía Lázaro, el especialista en sonido, que todo iba saliendo a la perfección, oprimió el "STOP" en la máquina de grabar y se dirigió de forma algo "descompuesta", para no llamarle grosera, al muchachón que tocaba el bongó. Esto lo hizo a través del toc bak, para ni siquiera entrarle de frente al individuo y por supuesto, evitar las consecuencias de una probable discusión.

—¡Ven acá, mi amigo! —y para que no quedaran dudas apuntando con un dedo acusatorio tras el cristal de la cabina —Si tú mismo el del bongó, que te estoy siguiendo. ¿Es qué no te has dado cuenta de que esto es un estudio de grabaciones y no el "potrero de La Guabina".

Luego con cara de "pocos amigos" y ante las miradas asombradas de los presentes, agregó.

— Aquí "todo se oye", compadre..

Hizo el grabador una pausa, respiró profundo y finalmente resopló para después aclarar.

— llevamos más de seis horas en esta "jodedera" sin almorzar, y cuando todo está saliendo requetebién, interrumpes la grabación con eso de... — Aquí puso voz de falsete para tratar de imitar al bongosero, cosa que por supuesto no logró — "dame la llave doce para arreglar el bongó " — y malhumorado prosiguió la "perorata". ¿No pudiste esperar a salir al parqueo para pedir la dichosa llave doce?

Los demás observaban el "show", incluyéndome, con tres varas de boca abierta. Así Lázaro continuó:

— ¿Por qué tenía que ser ahora, mijito? Puffff, jodiste la grabación.

El "despistado" percusionista y otros integrantes del grupo, incluido el director, trataron de hablar para aclarar la situación, pero Lázaro, aun más molesto reanudó la andanada de reproches. En realidad estaba como caballo "desbocado" en la pradera, no tenía frenos ni había jinete osado que le pusiera el "jaquimón"

Mira, allá afuera, cuando terminemos, puedes pedirle al bajista o a quien quieras, la llave doce, la catorce, la dieciséis y la que sea, hasta la caja de herramientas completa, pero aquí dentro, en el estudio, ¡nooooo.! ¿Entendido?

Luego, parece que apenado por sus modales y "descarga", Lázaro suavizó su tono de voz, miró una vez más para el bongosero y concluyó.

— ¡Bueno, bueno, a grabar. Háganse la idea de que aquí no ha pasado nada! ¡Nadita de nada!, pero por favor recuerden, dentro del estudio y aún "fuera" de la grabación, no se puede oír ni el zumbido de una mosca.

Grande fue la sorpresa del experimentado grabador, cuando el joven músico un poco descompuesto y alterado también, explotó y le contestó:

—¡Oye compadre! ¡Es que con tu perorata no me has dejado ni hablar! Esto de "dame la llave doce, para arreglar el bongó", es un estribillo que le vamos incorporando al número. Por tu culpa es que no hemos podido terminar de grabar. —sentenció con énfasis el bongosero, y dio por terminada la conversación.

Así brotaron las carcajadas y por supuesto, terminó la discusión.

La escuelita del aire

La Sala o Cuarto de Ediciones de una planta radial, es el lugar donde se le dan los toques finales a los programas grabados o "enlatados", como también se les denomina en nuestro medio. Aunque no he laborado nunca en el cine o en la televisión, me imagino que allí tenga esta sala, similar o parecida función, independientemente de la diferencia de equipos, métodos y otros recursos que se utilicen para darle acabado al producto final. En el caso de la radio que es el que nos ocupa en estos momentos, de Ediciones salen los programas terminados, cuyo destino final en la Cabina Central de Transmisiones, y en otros casos, dependiendo de la calidad obtenida e interés para su retransmisión, son archivados, vendidos, u ofertados a manera de intercambio, a otras emisoras interesadas, ya sea en el plano nacional como internacional. De estos espacios se nutren también algunas emisoras municipales o territoriales, que son plantas con un alcance más reducido, pero que aún así cumplen una importante función social y cultural.

En la sala de Ediciones como su nombre lo indica, se "editan" o elaboran, rollos de música para los diferentes espacios enmarcados en sus correspondientes categorías, también, spot o Ginger, se mezclan voces y música, se agregan efectos sonoros, en fin, se realizan un montón de operaciones que serían sumamente difícil de describir aquí.

Si algún trabajador de la Radio tiene que tener sensibilidad, "ángel", "creatividad", "talento artístico", o como le quieran llamar, ese es el "editor", el que a su vez está incluido dentro de la categoría como Operador de Sonido. En muchas ocasiones, se llega a editor, después de haber transitado por otras funciones relacionadas con el Departamento de Transmisiones, como son Operador de Cabina, Musicalizador, Grabador. Digamos que se necesita cierta experiencia para trabajar aquí. Les confieso que en lo particular, siento especial predilección por esa labor que también realicé en múltiples ocasiones, lo que no quiere decir que me desempeñe "oficialmente", ni me gane el sustento diario trabajando en Ediciones.

A finales de los años setenta, se encontraba el editor, Alfredo Gutiérrez Rosas, uno de los más experimentados en "Radio Guamá" —muy modesto por cierto, aunque me dejó caer sutilmente, que mencionara en este libro de anécdotas, el premio obtenido por él en la categoría de "Mejor Ediciones de Programas", del país en el Festival Nacional de la Radio Cubana del año 2002 —, les narraba, que estando Alfredo, laborando en la Sala de Ediciones, hizo acto de presencia en el lugar, Pedro Callejas, que era el escritor, y director del programa "Escuelita del Aire", un espacio emblemático de nuestra emisora y en toda Cuba, pues fue creado por el propio "Callejita" en el ya lejano año de 1952.(Se afirma que es el programa más antiguo de la Radio Cubana, dedicado a los niños, y que se transmite con un corte parecido y el mismo nombre en la actualidad.

Pues bien. Llegó Callejas, se paró en la puerta y le entregó el rollo con la voz del locutor grabada al editor y acto seguido, sin mediar palabras se marchó.

El programa " La Escuelita del Aire", debía salir, al otro día, domingo, en su horario habitual de las once de la mañana.

Realizado el trabajo de edición —y esto lo explicamos brevemente para los que no conocen los mil "vericuetos" de la radio— "mezclada" la voz del locutor con la música infantil seleccionada, los efectos sonoros y otros elementos más, envió Alfredo Gutiérrez el "programa" para la Oficina de Transmisiones, que es la encargada de distribuir los rollos con los diferentes espacios de la emisora.

El domingo a las once en punto, ni un segundo más ni uno menos, salió "al aire", el espacio dedicado a los niños en "Cadena Occidental de Radio".

Realizada la presentación del programa, anunció una locutora.

—Y ahora para los más pequeños de la casa, una cancioncita del grupo argentino, "Los Gauchitos". "La cometa de vos".

A esto le siguió una pausa o "bache", y volvió a decir la locutora.

—¿Les gustó la cancioncita?

Era obvio que no se había escuchado canción alguna. Luego continuaba la voz de la locutora que "casualmente" también tenía un poco "aniñada" la voz, muy aparente para el espacio.

—Les presento ahora a la pequeñita, Juanita Fernández, de la escuela de primaria número 4 "Don Tomás Estrada Palma", que nos declamará la poesía titulada, "Cantata", y seguidamente escucharán nuevamente a "Los Gauchitos" en, "Canciones".

Efectivamente, salió la poesía declamada por la niña, pero luego....!luego nada!, silencio total o lo que es lo mismo, otro "bache" más. Del número titulado "Canciones", "naranjas chinas" ¡nada de nada!, y de algo parecido a una selección musical, ¡menos que menos!

El Operador de audio, que en esos momentos se estaba fumando, disimuladamente un cigarrillo en la puerta de la Cabina Central —cosa está prohibida en la emisora, pero burlada una y mil veces por muchos trabajadores—, cayó en cuenta de que había un error. Esto que estaba saliendo al "aire" era.... Ñoooo ¡No puede ser!

Detuvo la reproductora, pero ya el "daño" estaba hecho. Aquello que había salido "al aire", se escuchó en todo el occidente del país y un poquito más allá.

Lo que sucedió fue, que en el trayecto de la Sala de Ediciones, a la Cabina Central, alguien —nunca se pudo determinar quién fue, pues como ya dijimos, se grababa de un día para otro y los rollos pasaban por varios departamentos— hizo cambios involuntarios en las cajas del espacio, " La Escuelita del Aire", y trocó o cambió, el de la voz del locutor que había llevado Pedro Callejas para "procesarla" en Ediciones, por el del programa terminado. A lo mejor fue el mismo Alfredo, pero él siempre me aseguro que no, y a mí me es difícil afirmarlo, so pena de ser totalmente "injusto", aunque el noventa por ciento de las probabilidades apunten a mi extrañable amigo.

Los triunfos o victorias tiene innumerables padres...las derrotas son huérfanas, Alfredoooo.

Éste o sucesos parecidos —lo conocen bien los que trabajan o han pasado por la Radio— deben haber sucedido más de una vez, en cualquier emisora del país y fuera de él por los años de los años. Era la etapa en que se trabajaba con cintas o rollos.

¡En fin, amigos míos! Eran "rollos" que se formaban con los rollos —disculpen la redundancia— y las cintas magnetofónicas, que se usaban en la radio, en una época que, más para bien que para mal, según el prisma con que se mire , afortunadamente, gracias al desarrollo de la tecnología y la digitalización, hemos dejado atrás.

El diablo Salgado

Que me perdone mi amigo Luís Salgado, por el apodo de "Diablo" que le endilgué y que da título a la anécdota, pero es un derecho que me pertenece como autor.

Siempre he creído que el inquieto y larguirucho, Luis Salgado, más que incursionar en nuestra emisora como editor, debió haberlo hecho en la esfera técnica y las innovaciones, porque en eso de estar "inventando", o innovando, era y es un verdadero león. Alumno aventajado de los maravillosos, Benjamín Franklin y Tomás Alba Edison —salvando tiempo y distancia— agregaría yo.

Salgado abandonó la emisora "Radio Guamá", hace más de 30 años —antes de que lo echarán, pues un día iba a suceder— pero cada vez que hay un "motivito", o actividad recreativa, siempre salpicada con un poco de cerveza o ron, afloran las anécdotas de hechos, jocosos o dramáticos donde éste, tuvo rol protagónico o participó.

Que yo conozca, se ha desempeñado Luis Salgado en su trayectoria laboral como, Operador de audio y editor en nuestra emisora, chofer profesional de cualquier tipo de vehículo, con o sin motor que también los hay, de tracción humana o animal — triciclos o coches halados por caballos, mecánico, chapista, pintor, electricista y un montón de oficios más, muy difíciles de enumerar por su variedad y cantidad que harían interminable la lista. En todos de una manera u otra ha sobresalido. Pero es

145

de su muy efímera presencia como editor, en la radio pinareña, la anécdota que les vamos a narrar.

Esto ocurrió a finales de la década de los años setenta, o principios de los ochenta, los ubico más o menos pero no es importante la fecha.

Se desempeñaba como jefe de la Redacción Musical, Rafael "Felo" Suárez Ramírez, a quien ya hemos mencionado en ocasión anterior. Al frente del no menos importante, Departamento de Transmisiones, estaba, Santiago Otero García, ambos jubilados ya de las actividades radiales pero con muchísima experiencia en el medio, donde comenzaron siendo apenas dos adolescentes. A oídos de estos directivos y por "canales confidenciales" que siempre existen —o lo que es lo mismo aunque no se escriba igual, a través de "Radio chiva, o Radio Bemba"—, llegó el "soplo" o información, de que algo "anormal" estaba sucediendo en la Sala de Ediciones, especialmente en el turno de la noche y cuando trabajaba Salgado.

Resulta, según el papel original con tres copias agregadas, sin firma pero sí certificadas, foliadas y acuñadas, que les enviaron a ambos jefes, —seis en total para que no hubiese dudas de lo que se consignaba— Salgado estaba terminando su turno de labores, programado para seis horas con veinte minutos, en sólo dos horas, a lo sumo dos horas y media, o sea, en menos de la mitad del tiempo asignado, cosa sumamente "rara", pues nunca se había visto "semejante" cosa en la emisora —como afirmaban los "experimentados", Otero y "Felo"—, porque a ellos si no había quién les hiciera un "cuento chino", por los años de experiencia que tenían en la Radio.

El asunto es que Luis Salgado, cumplía cabalmente su contenido de trabajo, es decir, editaba "perfectamente" y sin problemas, los programas que le asignaban, y esto a los ojos de todos era prácticamente imposible, pues como expresaba Santiago Otero, " la lista de la lotería no juega con el billete", es decir, si tenía programado editar cinco rollos con música que debían durar una hora cada uno, no era posible que lo hiciera en dos y media, salvo que estuviera "alterando" las velocidades en las máquinas reproductoras y grabadora, operación que estaba totalmente PROHIBIDA, y era severamente castigada. Por una Falta Grave como esta, podía ser sancionado el infractor a tres o cuatro semanas en el "Equipo de Apoyo Emergente", o lo que era lo mismo," limpiar pasillos. Vaya pomposo nombre que se le endilgaba a tan poco remunerada y agradecida tarea, ante la cual, aclaremos, no tenemos nada que reprochar. Trabajo honrado y serio es lo que vale y punto. Pero a veces hay quien se olvida de eso.

Volviendo a lo nuestro. Entre Suárez y Otero, decidieron poner en práctica un plan para atrapar "infraganti " a Luis Salgado, con las manos en la masa, o para que se entienda, alterando las velocidades en las máquinas de ediciones. Esto era bastante decir.

Antes de adentrarnos más en el "meollo" de la anécdota, y para una mejor comprensión de nuestros lectores, debemos aclarar que la sala de Ediciones de "Radio Guamá", contaba entre otros implementos, con dos bafles, tres grabadoras marca "DENON", de fabricación japonesa, modernas para la época, una consola mezcladora, y un plato de tocadiscos, además de la silla giratoria para facilitar la movilidad del editor, dos mesas pequeñas para colocar los discos y cintas que se iban a utilizar, y algunas conexiones más.

Existían en las Salas de Ediciones, esas máquinas reproductoras o grabadoras profesionales, cuyas velocidades más comunes eran las de 7 y media o 15. La velocidad utilizada en el medio en Cuba para efectuar las grabaciones, era la de 7 y media. Por "decreto" gubernamental o nacional, había que utilizar la susodicha velocidad y punto. No pongo en duda que haya sido la mejor o más práctica en el medio radial.

Uno de los métodos que "el Diablo Salgado", pudiera haber estado utilizando para reducir su jornada de trabajo a menos de la mitad, sería poner las máquinas a trabajar a 15 o "más rápidas", alterando su velocidad. Estaba totalmente contraindicado grabar así, pues esto disminuye la calidad de la grabación. Digamos además que es sumamente difícil detectar cualquier violación cuando esta el "producto terminado".

Dada esta breve explicación, un poco densa pero necesaria, continuamos con "Felo" Suárez, Santiago Otero, y Luis Salgado.

Se enteraron ambos jefes, de que habían comenzado los carnavales en el municipio de San Juan y Martínez , y que con toda seguridad, aunque Salgado trabajara en el turno de seis de la tarde a doce de la noche, trataría de inventar para irse a fiestar y darse unos tragos, dado el carácter divertido y jodedor del mulato, y las facilidades que le brindaba para esos menesteres, su viejo cacharro, un auto del año 55, que gracias a los inventos e innovaciones de su dueño, más que desplazarse, "volaba" por caminos o carreteras. Así fue como se pusieron de acuerdo, Suárez y Otero para colocar el cebo. Esa noche no habría ni una sola cinta en la producción musical que Salgado tenía que editar. No podría alterar las velocidades de las grabadoras. "Felo" Suárez en su rol de especialista musical, realizó una selección, donde se utilizarían solamente disco de acetato y, que dicho sea de paso, eran el terror de los editores, por el esfuerzo extra que suponía trabajar con ellos, sobre todo si eran de los más pequeños y que reproducían a 45 revoluciones por minuto.

"Felo" Suárez y Santiago Otero — "hermanados en la causa" —, trazaron su plan de acción, programaron cinco rollos de una hora para el turno de la noche, así llevaron los discos para la Sala de Ediciones, confiados en que ahora sí, le habían "aguado" los carnavales a Salgado.

Al llegar ambos al otro día bien temprano a la emisora — por lo general entraban juntos o con algunos minutos de diferencia —, lo primero que hicieron fue comprobar si los rollos programados para el turno, estaban completos y terminados en Ediciones. Efectivamente, allí "reposaban tranquilitos y ordenados" en sus cajas, con el papel identificativos en su exterior y firmado por el "eficiente" editor.

—No caben dudas, hizo el trabajo completo. Esta vez sí lo chivamos, ¿verdad, Santiago? —le dijo "Felo" Suárez al jefe de transmisiones y sonrió.

—Ja ja ja, le "aguamos" la fiesta al mulatón —agregó Otero muy complacido.

Recogieron los rollos y se marcharon conversando y riendo para sus respectivas subdirecciones.

Pero como dice un añejo refrán cubano, " la alegría en la casa del pobre dura poco", y poco no, poquísimo les duró a los dos. Sólo diez minutos hasta que recibieron incrédulos, el "bocinazo" o la información.

No había dudas, esa noche Salgado había terminado el turno alrededor de las nueve de la noche y se había ido a los carnavales de San Juan.

Para abreviar, solo digamos que los "trucos" e inventos de Salgado en ediciones fueron muchos y de los más variados. Unas veces fue sorprendido y sancionado, otras no. Formó filas por "derecho propio" en la brigada de muchachones de la emisora —a veces cinco a la vez— que eran castigados a limpiar los pasillos y oficinas. Esto sucedió a finales de los años setenta, cuando ese tipo de sanción "ejemplarizante " ¿?, se puso de moda en "Radio Guamá". Decididamente, el futuro de Luis Salgado no estaba en la Radio, y afortunadamente él lo comprendió a tiempo. Un buen día sin anuncio previo, pidió la baja y se marchó. A ratos nos visita y reímos con sus ocurrencias y anécdotas.

Lo que había sucedido con los discos él me lo contó.

No sé mediante que "invento diabólico", Salgado colocaba una moneda de cinco centavos, previamente "trabajada" o rebajada en una piedra de esmeril, una de las horquillas que usan las mujeres para recoger el pelo y una liga, sustituyendo no recuerdo qué pieza original en el plato del tocadiscos, logrando no sólo apresurar o alterar las velocidades de éste, sino que el resultado obtenido era verdaderamente sorprendente, pues apretando o aflojando la liga, alcanzaba una velocidad similar al "tiro rápido" de las grabadoras, así lógicamente y como ya explicamos, lograba reducir su jornada laboral a menos de la mitad. Lo demás consistía en bajar el audio, cerrar bien la puerta de ediciones por dentro, y pone a su favor a la recepcionista, el vigilante nocturno, o a cualquier otro trabajador, para que le avisara por la extensión, si venían "Felo" Suárez, Santiago Otero, o cualquier otro miembro del Consejo de Dirección en funciones de "chequeador", porque como bien decía el propio Luis Salgado, él no tenía ni un pelo de tonto, y sí muchos amigos, además de poseer un "sistema propio, secreto y eficiente, para recibir información, superior al de sus jefes.

Muchas infracciones le descubrieron a Salgado y por todas y cada una de las detectadas él pagó, pero la de la moneda de cinco centavos "preparada", la horquilla para el pelo y la liga, nadie se la detectó. Hasta que él mismo la contó.

Festival del sábado

Los oyentes de "Radio Guama" y en especial los que sintonizaban nuestra emisora, a finales de los años setenta y durante la década de los 80, seguramente recordarán un espacio que hizo época en Vueltabajo y "allende los mares" pues hasta de Centroamérica recibíamos cartas. Este programa se nombraba "Festival del Sábado" y caló mucho en la preferencia de la radio-audiencia pinareña.

Era una "Radio- Revista" de variedades, que como bien indica su nombre, se radiaba los sábados en el horario de nueve a doce de la noche. Su conductor principal, Noel Fernández Rivera, apodado como el que escribe "El Chino", y en mi modesto criterio, como director del espacio que fui durante muchos años, él lo realizaba muy bien, encajaba como "anillo al dedo" en el programa.

Concursos, preguntas y respuestas, saludos, peticiones musicales, visitas a bodas y cumpleaños, formaban parte, entre otros materiales del gran "ajiaco", que los vueltabajeros con mucho placer, degustaban en las noches sabatinas.

Reconocidos artistas, provinciales y nacionales, estuvieron en una u otra ocasión de visita y aprovechaban para "promocionarse" en" Festival del Sábado". Héctor Téllez, Elio Revé, María Elena Pena, Alfredo Rodríguez, Liuba María Hevia, Albita Rodríguez, la orquesta Riverside, Pedrito Calvo y los Van Van, Ricardito, el bolerista, Roberto Sánchez, Maguie Carlé y

Luis Nodal, " Los Compadres", Faustino Oramas más conocido como «El Guayabero", Frank Fernández, José Tejedor, Adalberto Álvarez con Son Catorce y Harry Lewis, son algunos de los solistas, dúos o agrupaciones que nos vienen a la memoria, aunque por supuesto, fueron muchos más.

Recordamos con agrado la visita que nos realizara, Adalberto Álvarez y su Son Catorce, cuando recién comenzaban a darse a conocer en el plano internacional. Promocionaban su primer disco "A Bayamo en Coche", y su visita resultó todo un acontecimiento en la emisora, dado el carácter afable y desenfadado de todos, especialmente de Adalberto en su condición de director de la agrupación, y de Eduardo "Tiburón" Morales que tenía un timbre característico y era el cantante principal, todo un ícono en esos momentos.

Hay un número del Conjunto Son Catorce, titulado, "Harina de maíz criolla", donde "Tiburón" Morales, en uno de los estribillos y en actuación grabada "en vivo", en el teatro "Carlos Marx" de la capital, nos menciona, cuando dice " para la gente de "Radio Guamá", Harina de maíz criolla". Nos dijo en el estudio mientras lo entrevistábamos que lo incorporaría y efectivamente lo cumplió.

"Festival del Sábado", también se realizaba una o dos veces en el mes en exteriores o fuera de los estudios, aunque en época de festejos o carnavales, los micrófonos del programa, y todo el colectivo de realización, nos trasladábamos para las fiestas y la "salida al aire" del espacio, se convertía ya en el área de festejos, en todo un espectáculo.

En cierta ocasión, fue solicitada la presencia del colectivo para el municipio de Los Palacios, donde esa noche comenzarían las fiestas de carnaval. Hechas las coordinaciones necesarias y llegadas las nueve de la noche, arrancamos con el programa.

Como es lógico suponer, algunos de los integrantes del colectivo de "Festival del Sábado", —entre los que por supuesto me incluyo— horas antes del inicio de la transmisión, y como quiera que nos encontrábamos en plenos festejos, echábamos un poco de "gasolina" —léase ron o cerveza—" para calentar los motores", teniendo siempre la prudencia necesaria en aras de evitar dificultades con la emisión, y de paso " cuidar la imagen pública de la emisora", como nos recalcaban nuestro jefes. En honor a la verdad, nunca tuvimos problemas ni hubo que lamentar ningún percance provocado por un miembro de nuestro colectivo. Hasta que....Bien.....Hasta que "explotó o reventó" aquel dichoso bombillo, que casi arruina la transmisión.

Resulta que nuestra improvisada "Cabina", se encontraba situada en una tarima del área de festejos. El lugar, aunque con la suficiente protección, no contaba con la iluminación requerida, pero luego de un breve análisis, todos convenimos en que se podía hacer el esfuerzo y "tirar" con la bombilla, que de forma provisional, había sido situada a determinada altura, encima de la mesa del locutor. Con esa bombilla y una luz que llegaba tenuemente desde un poste eléctrico cercano, creíamos poder resolver la situación.

A más de 25 años de aquel suceso, les puedo asegurar que nadie de los presentes podía imaginar la llovizna que estaba por llegar.

A eso de las diez y treinta, cuando aquello se encontraba sabroso de verdad, y a los compases de —observen que clase de coincidencia—"agua que cae del cielo", interpretado por el conjunto "Son Catorce", comenzó a llover de repente, fue muy rápido, apenas unos minutos, que honestamente, más que molestar a los presentes, les agradó, sobre todo a los que en esos momentos "echaban un pie", pero nos desgració a nosotros. Sí, no han leído mal, nos desgració en todo el sentido de la palabra, porque al hacer contacto el agua fría con la bombilla que nos proporcionaba la iluminación principal, éste se rompió en diez mil pedazos, cayendo sus fragmentos casi encima de la cabeza del locutor, que usaba unos espejuelos graduados para leer de cerca. Ahora no distinguía las letras en el guión.

Este fue más o menos el diálogo que entre Noel y yo se originó, mientras continuaba la gente bailando al ritmo contagioso de Adalberto y su Son Catorce.

"Agua que cae del cielo, borra mi desconsuelo".

—¡No veo nada, director! ¿Qué hacemos?—inquirió Noel poniendo cara de preocupación.

—Es un lloviznazo, sigue por el libreto a ver lo que puedes hacer —sin inmutarme le contesté

Por la altura en que había sido colocada la bombilla y en aquellas circunstancias, quedaba claro que era sumamente difícil del reponer.

—¡No veo nada! —repitió Noel. Siéntate a mi lado y ayúdame con la conducción.

—¡Qué te ayude en qué! —sorprendido le pregunté.

—En la conducción "chinito". Dale que se acaba el número musical.

Teniendo presente que en más de treinta años en la radio no he estado profesionalmente frente a un micrófono, más que en contadas ocasiones y sólo para ser entrevistado a la "fuerza" u obligado, un poco alterado le respondí.

—¡Te volviste loco, Noel, tú eres el locutor!

—Bueno. Pues te sientas y me ayudas, o aquí mismo se acabó la transmisión —con firmeza me respondió.

El número musical de Adalberto ya había terminado, la lluvia también cesó.

El operador de audio, muy inteligentemente y a tiempo, había "pegado" otra selección para que ni los presentes ni los radioyentes se percataran de la situación y sin dudas lo logró.

—Siéntate —me apremio Noel. Luego haló una silla próxima, la colocó junto a la suya y agregó.

—Estoy casi ciego, compadre, y con esta oscuridad no distingo las letras del guión. Yo improviso, tú lees las notas, los saludos y presentas los números musicales —dijo Noel y me dio varias palmaditas en un hombro. Después me guiñó un ojo y no sin cierta picardía, sentenció.—Esta noche te gradúas como locutor.

Y me gradúe, solo que con pésimas notas, según el parecer del subdirector general de la emisora en aquellos años, el ya fallecido, Reynaldo Buergo Ledesma, quien seguramente debe haber estado "monitoreando" la transmisión.

Por nuestra parte concluimos el programa, y para ser sincero, creo que resolvimos la situación.

Aquella transmisión improvisada y a dos voces funcionó. No hubo que lamentar problemas de ningún tipo. Eso pensaba yo.

Por la mañana bien temprano, y mediante la secretaria de Buergo Ledesma, me llegó la citación.

—Bueno días, Achang —dijo con una agradable sonrisa mañanera.

Buenos días, dije yo que esperaba una temprana felicitación.

—De parte de Buergo, que te espera ahora mismo en su oficina —me espetó desde la puerta de la redacción.

—¿Tú sabes para qué me quiere? —le pregunté, pensando nuevamente en "la merecida felicitación", por el excelente trabajo realizado y haber "salvado" la situación.

—¡Ni idea!—me contestó. Luego casi en un susurro y evidentemente para que nadie la oyera, agregó —De ti para mí, chinito ¡Por la cara que tenía, para nada bueno debe ser!

Entonces se alejó con rumbo a la dirección.

"Bueno, a lo hecho, el pecho", me dije para mis adentros y me dirigí a la oficina del subdirector.

—¡Entra y siéntate!—dijo Buergo Ledesma desde su silla giratoria situada tras el buró.

Pasé y me acomodé.

—¿Qué fue lo que les pasó? —casi a "boca de jarro", me disparó.

Le di una breve explicación, sin omitir detalles, sobre todo lo acontecido, la lluvia, el bombillo roto, la mala iluminación y las dificultades de Noel para leer el guión en esas condiciones.

Hizo un gesto negativo con la cabeza, como si no comprendiera nada, y acto seguido me respondió.

—Es muy correcta, tú explicación, pero de la "jerga" y las "chabacanerías», ¿qué me tienes que decir?

—¡¿Chabaqué?! —molesto y sorprendido le pregunté

—¡Cha...ba..ca..ne..ría ,chico! Ese es el nombre que lleva eso —Hizo una pausa deliberada, respiró profundo y prosiguió— ¿A quién se le ocurre decir en un programa de radio que se respete, que va a ofrecer "música de la calle"? ¿Qué tipo de música es esa?: Así le pueden decir los "frikis", los perdularios, los pepillos que ni estudian ni trabajan, los "mataperros", y toda esa "murrumalla" que anda sin hacer nada por ahí —Tragó en seco y luego más enojado y sin darme tiempo para replicar, agregó abriendo los brazos en un gesto muy teatral.—¡Sal de la tumba Cervantes, para que veas lo que están haciendo con tu idioma algunos "directores de programas" en "Radio Guamá"!

—Oiga, si usted me deja explicarle...

—¡No deja!!No hace falta explicación! —me interrumpió.

—Bueno, pues con su permiso. Entonces yo me retiro, ya que no hace falta que le explique —le dije y me incorporé.

—¡Música de la calle!!Dígame usted! —masculló entre dientes, a mi espalda, mientras me alejaba y luego finalizó.—¡Púes disfrútala junto con la sanción para que la digieras mejor!

A manera de aclaración, les diré, que aunque no existían lazos de amistad profunda entre el subdirector y yo, siempre le guarde especial respeto y consideración, pues fue dada su experiencia en el medio, y que me conocía desde que yo era pequeño, uno de los primeros que me ayudó revisando mis libretos, y haciendo las sugerencias necesarias, cuando comencé a laboral en el medio radial. Así pues, aquella "confrontación", la valoré, pasado el "ofuscamiento" del primer momento, como algo dentro de lo normal.

La sanción nunca llegó, pues "alguien", cercano a Buergo Ledesma y con quien comenté lo injusto de la "descarga", se lo aclaró.

—Fuiste injusto con el muchacho, Buergo. El trató de resolver la situación.

—¡Y yo no digo que no! No le reprocho la "acción", incluso, aplaudo su decisión, pero lo que si no puedo aceptar es ese término de, "música de la calle".

—Bueno, Buergo —el compañero de labores le replicó —La verdad es que no usó una "jerga" ni nada que se le parezca. Lo que sucede es que el número musical que presentó se llama así.

—¡Eh! ¿Qué se llama cómo? —completamente sorprendido, Buergo le preguntó.

—"Música de la calle", amigo mío. Lo interpreta el grupo norteamericano, Chicago. Y eso lo sé porque me actualizaron las muchachitas de la fonoteca. ¡Nada! Lo reconozcamos o no, son otros tiempos y como dice Pablito Milanés, "El tiempo pasa, nos vamos poniendo viejos..."

Buergo Ledesma se recostó en la silla, resopló y finalmente, sonrió.

El móvil

El "Móvil" ¡Cuantos recuerdos gratos me trae el Móvil de Festival del Sábado, cuantos momentos agradables, cuanto carnero guisado o masas de cerdo fritas, o lechón asado, o traguitos de ron, o cervezas frías, cuantas muchachas bonitas y lugares visitados. Cuantas nuevas relaciones y amistades adquiridas!

Cuando evoco el Móvil de Festival, se me hace un nudo en la garganta y casi me echo a llorar, más que por todo lo evocado, lo hago por los años idos —aunque no malgastados— años mozos, que nos guste o no a los ya «ocambos", se fueron y nunca más volverán.

"Juventud, divino tesoro"

Así lo manifestó el poeta y tiene mucha razón, la mía, mí preciada juventud, se fue para no volver. ¿Melancólico, verdad? Pues!NO! Ya lo dijo "La Reina de la Salsa", la inmortal, la inigualable, Celia Cruz. "No hay que llorar, no, que la vida es un carnaval y es tan bello vivir cantando", a lo que le agrego yo. "Hay que darle para alante , sin miedo a los años o a la vejez", aunque siempre "tomando medidas" , sin excesos, y con un poco de precaución para no caer en el "bache" ¿verdad?, y basta ya de disgregación, que me cae la crítica encima y luego dice que estoy utilizando este libro para hacer un recuento de mi vida personal, que dicho sea "al vuelo", no ha sido ni tan buena ni tan mala, sólo he obtenido de ella lo justo y lo necesario.

El Móvil de Festival del Sábado, era el alma del programa, y de hecho la sección más querida y solicitada. Muchas eran las cartas o llamadas telefónicas pidiendo la presencia del Móvil en la casa de una homenajeada, especialmente si esta arribaba a sus "quince primaveras", o la "edad de las ilusiones" como expresan erróneamente por ahí, como si uno no pudiera vivir de ilusiones toda la vida. Lamentablemente no todas las peticiones podían ser complacidas—¡eran tantas!—había sábados en que hasta tres fiestas coincidían. Imposible visitarlas todas, aunque siempre se mencionaban en el espacio.

"El Móvil de Festival" no era nada "del otro mundo", como la mayoría de los oyentes imaginaban. Al verlo, algunos sufrían la decepción, aunque después todo se arreglaba en el camino, cuando se veían, de una u otra manera, involucrados en la transmisión. Se trataba del mismo "jeep" soviético utilizado para realizar el programa, "La Escuela en el Campo", del que hemos hablado con anterioridad. Su nota "distintiva" eran los frecuentes fallos de bujía y la capota vieja, descolorida y un tanto deteriorada.

El método utilizado en "el móvil" consistía en realizar entrevistas con una grabadora portátil alemana marca, "UHER", de cintas, pues cuando aquello no estaban aún de moda ni se utilizaban en nuestra planta radial los casetes.

Salíamos bien temprano, en dependencia del municipio que se iba a visitar y realizábamos las grabaciones, regresando luego a tiempo a la emisora, para hacer el trabajo de edición de las entrevistas, la música solicitada, u otros elementos, que servían para hacer más creíble la supuesta transmisión "en vivo" desde la casa de la homenajeada. Todo se hacía de manera tal, que realizados los "pases" a la Cabina Central, no había quién dudara de la veracidad de los mismos.

Por lo general, iba como locutor del Móvil de Festival del Sábado, el ingeniero Román Elé Álvarez, quien labora hoy como director de programas en Tele-Pinar. Al frente del equipo, el que les narra, director del espacio, u otro suplente designado por la dirección de Programación.

En cierta ocasión, fuimos invitados a la fiesta de cumpleaños de una joven en el tabacalero municipio de San Luís.

Realizadas las coordinaciones necesarias, nos presentamos en el lugar. El ambiente que reinaba allí cuando llegamos, a eso de las once de la mañana, era el habitual en cualquier fiesta de cumpleaños, máxime cuando se trata de la celebración de los 15 años, y muy especialmente si esta la realizan en el campo. Al decir de Abilio Borrego, el chofer del Móvil, "habían botado la casa por la ventana", y no le faltaba razón. La vivienda era la típica construcción campestre, pero con portal corrido, muy bonita y ventilada. Al fondo y por los lados, muchos árboles frutales.

La música, el juego de dominó, la carne, el ron y la cerveza estaban a la "orden" del día. Había "para comer y para llevar". Hasta un grupo musical de la zona amenizaba. Sin dudas, aquellos campesinos, cosecheros de tabaco, tenían "plata" para gastar.

Luego de las correspondientes presentaciones, algunos tragos y almorzar, comenzamos a grabar.

Pero antes de continuar, creo necesario hacer una breve descripción de la homenajeada.

Era una bellísima, "piel canela", cuyo sello distintivo estaba en su negra y casi lisa cabellera. Aquella "india" resultaba una verdadera preciosidad. Ojos grandes y largas pestañas, labios sensuales, senos pequeños, glúteos pronunciados, y una mirada pícara que electrizaba, eran los atributos que la acompañaban. De sus piernas largas y torneadas, no vamos a comentar. Eran los 15 años mejores repartidos, —como dijo el Gran Almirante cuando nos descubrió en 1492, refiriéndose a nuestra

161

querida isla de Cuba, que era la tierra más bella— "que ojos humanos hayan visto jamás".

Comenzó Román Elé, "medio hipnotizado", a realizar su entrevista y la grabadora "UHER" de cinta a recoger detalles de aquel "memorable momento".

—¡Gracias, Noel! Efectivamente, nos encontramos aquí en el Móvil de Festival del Sábado —dijo Román con maestría, haciendo lo posible para que el "pase grabado", —que luego sería radiado dentro del programa —pareciera en realidad una transmisión "en vivo".

Los padres de la muchacha sonreían satisfechos al notar la facilidad con que se expresaba "su niña" ante la prensa. Intercambiaban miradas entre ellos, mostrando complacencia.

"Un día mi niña será artista" —pensaba la madre.

"A lo mejor se hace locutora " —meditaba su papá.

La abuelita de la festejada no cabía dentro de sus ochenta y tantos años ¡Tanta alegría le oprimía el corazón! Tenía miedo de un infarto ¡Era tanta la emoción!

—¡Que linda se ve mi nieta! —me susurró al oído la anciana, evidentemente para no interrumpir la grabación.

Yo asentí con la cabeza.

Así continuó Román con la entrevista sin dificultad, hasta que llegó el momento del "supuesto" tercer y último " pase" a la Cabina Central.

Parece que ya a esas alturas, las cervezas frías ingeridas durante el almuerzo y las que nos siguieron ofreciendo durante el desarrollo de la entrevista, le comenzaron a "calentar la sesera" al entrevistador. Román no pudo aguantar más y quiso elogiar tanto la belleza de la homenajeada, que olvidó por completo que "aquello" debía salir "al aire" con apenas un pequeño y apresurado trabajo de edición. Así expresó.

—"Lo que les narro estimados radio-oyentes, no tiene comparación! ¡Dios mío! —y me consta que no sonaba religioso, ni siquiera en la expresión—. ¡Yo soy el hombre más dichoso, el más feliz del planeta! Qué suerte he tenido de nacer, para entrevistar a la más bella, la más exótica, carismática, elegante, tierna, inteligente mulatica que he podido conocer.

¡Qué clase de comercial!

Los rostros de los familiares de la muchacha, y sobre todo de los padres, pasaron en un instante, de la sonrisa a dar muestras de contrariedad.

Hice un gesto de reproche a Román, tratando de decirle, "aguanta Negrón, para ya"

Pero ya él "no veía ni oía". Así continuó cada vez más "entonado", en una contraproducente demostración de "profesionalismo verbal" —por llamarle de alguna manera— ante todos los presentes.

—¡Esta muñeca no tiene comparación!

Y aquí estimó muy conveniente, destacar sus conocimientos literarios, cosa que sin dudas, según él, impresionaría a los que lo rodeábamos y muy especialmente al "bombón de chocolate" que tenía frente a sí.

—¡Ésta es una genuina copia de Cecilia Valdés! —y luego remató. —¡Cirilo, Cirilo Villaverde! ¡Tu obra maestra empequeñece ante tanta belleza!

¡Válgame Dios! —pensé yo —¡Ahora sí que se formó!

Como ya aquello pasaba de "castaño a oscuro" e iba tomando un cariz inapropiado, miré de soslayo a Román para que tratara de contener tan inoportuna y "fuera de lugar" entrevista, perdón, quise escribir, "verborrea" pero ni siquiera me miró. Recorrió con la vista una vez más la perfecta anatomía de la muchacha,—a quien para serles sincero, parece que le gustó, —y dirigiéndose supuestamente al locutor, concluyó.

—¡Noel, Noel! Si tú vieras como está la muchachita, mi hermano! ¡Aquí se acabó el pastel!

Entonces fue cuando se escuchó la voz de la abuelita, que muy molesta y tocando por un hombro al sorprendido entrevistador, mirándolo seriamente a la cara, le espetó.

—¡Ven acá mijito! ¿Tú estás entrevistando a mi nieta, o la vas a enamorar?

Nico

—Me gusta, pero está incompleto —dijo Tony, el director de la emisora, devolviéndome el borrador de este libro, que acababa de leer y que yo, le había entregado con anterioridad, como a otros compañeros de labor, para conocer su modesta opinión.

—Me queda poco tiempo para entregarlo y además, "tengo" que guardar algunas anécdotas para una segunda edición —le respondí, sin pensar que en ese momento, no había hecho ni siquiera la primera.

—Un libro de anécdotas de la radio en Vueltabajo, no está completo, si no mencionas a Nicolás.—y categóricamente concluyó —¡El Nico tiene que estar!

Y tenía mucha razón.

A Nicolás Martínez González, tengo la "obligación" de incluirlo en las anécdotas, o no vendo el libro, ni a mis compañeros de trabajo en "Radio Guamá", que tan interesados están. Eso es ya bastante decir.

"El Nico", como le nombramos por acá, en los predios radiales pinareños, es un producto neto de Minas de Matahambre, pueblo ubicado al norte de la provincia más occidental de Cuba. Allí se le conoció como, "Calixto Kilowat", apodo que le endilgaron a principios de los años sesenta y que fuera tomado del famoso representativo de la compañía norteamericana de electricidad, "intervenida" tras el triunfo de la revolución.

Ganó fama en Matahambres, la magistral "representación callejera", hecha por Nicolás, cuando simbólicamente fue enterrado el famoso personaje. A él lo escogieron sus coterráneos, para meterse en el sarcófago original que fue extraído "sin autorización" de la funeraria local, y paseado en hombros dentro de la multitud por las calles del poblado.

Llegó, "El Nico", a la radio en el año 1974 y de la fecha hasta acá, se ha desempeñado como reportero, escritor, director de programas infantiles y juveniles, jefe de redacción y sobre todo como "cuentero de marca mayor ".En eso si puede decir Nicolás, como en el estribillo de la melodía, "...oye yo si tengo el uno", nadie se lo va a rebatir. Tiene el uno en la narración oral y le queda para darles a los demás. Hace grupo a su alrededor donde quiera que esté, ya sea en una fiesta o velatorio, pero su pasión es contar. Y lo hace a su manera, de una forma peculiar.

En el trabajo instructivo con los niños, ocupa un lugar privilegiado.

Muchos han sido los locutores profesionales y otros trabajadores de nuestros medios, —incluyo la televisión nacional—, que han dado sus primeros pasos bajo la "batuta", o manos conductoras del querido Nicolás.

Goza este personaje de una fértil, fabulosa e increíble imaginación.

Si me encargaran confeccionar, una antología con los nombres de los mejores narradores orales del país, no dudaría ni un segundo en colocarlo entre los primeros.

Con el permiso de mis lectores, y antes de entrar en la anécdota radial que les quiero contar y que está relacionada con el trabajo de Nicolás, como Jefe de Planta, o " sustituto nocturno del director en "Radio Guamá" —otra de sus facetas que había olvidado mencionar—, quiero poner a consideración de ustedes, uno de sus cuentos más famosos, y que está entre mis preferidos. El cuento en cuestión es el del "Caballo nadador". Sí, leyeron bien, no "El Cangrejo Volador" que es el título que dio el reconocido escritor cubano, Onelio Jorge Caldoso a un relato suyo dedicado a los pequeños. Éste del "Caballo Nadador", es original de nuestro estimado, Nicolás.

Según él, allá en el costero pueblo de Santa Lucía, distante catorce kilómetros de Minas de Matahambre, en la década de los años cuarenta del pasado siglo, existió un personaje que se ganaba la vida pescando en el mar. Era además este señor, casi un ermitaño, sentía pasión por la soledad. Le apodaban "El Peje".

Gustaba el hombre, de trasladarse por la única vía posible, el mar, y en un pequeño bote de madera de su propiedad, hasta el faro de "Cayo Jutía", donde con la única compañía del Torrero, otro viejo solitario, pasaba los días pescando, fumando y bebiendo ron, hasta que regresaba al poblado, cargado de peces de las más variadas especies. Con la venta de estos es el pueblo, aunque a muy bajos precios, lograba "El peje" sobrevivir en tiempo sumamente difíciles.

Cuando el terrible ciclón del año 44, azotó a Cuba, incluyendo a la provincia pinareña, con todo su arrastre de muerte y destrucción, "El Peje" perdió su bote y por poco pierde la cabeza —y es aquí como comienza a inflarse, como globo aerostático, la anécdota de Nicolás—, los vientos huracanados y las olas de más de siete metros de altura, sorprendieron al pescador en plena travesía entre la costa y el faro, elevándolo hasta el infinito.

"El Peje", logró salvar su vida milagrosamente, aferrado a una caja vacía de bacalao noruego, que le servía de asiento en el bote. Sentado sobre la misma, con la mirada triste, fija y pérdida en el infinito mar, descalzo y con la ropa toda raída cual moderno "Robinson Crusoe", encontraron los vecinos al pescador, cuando se alejó el ciclón. ¡Tremenda imaginación, verdad! Aún así, podía suceder...Pero... ¡ahora viene lo mejor! Y esta de verás no me la "digiero" yo.

Perdido su querido y necesario bote, y con algunos ahorros conservados con mucho esfuerzo desde la niñez. ¿...?, compró, "El Peje", un penco viejo, que además de servirle para trasladarse en tierra, le brindaba sus nobles servicios como bote en el mar. ¡En...en el mar!

Preguntábamos sorprendidos los que escuchamos una y mil veces el "cuento" de Nicolás.

Contaba él, a manera de explicación, que el pescador "forraba", prácticamente el cuello y los costados del caballo con trozos de poli espuma, y de esa "original" manera, lograba que el penco flotara, trasladándose ambos, desde la costa al faro y viceversa. De esa forma, logró "El peje " su sustento y sobrevivir hasta el final de sus días ¡Leer para creer! ¡Sí señor, tremendo caudal de imaginación!

La siguiente anécdota de Nicolás, sí esta vinculada a su labor como trabajador de "Radio Guamá". Se desempeñaba éste como director nocturno en nuestra planta radial, un cargo sumamente importante en la emisora, pues en su calidad de director, asumía la máxima responsabilidad, con autoridad sobre todo el que trabajara en los turnos de la noche y madrugada.

Como director general de la emisora, fungía mi amigo Sidney Borjas Calzadilla, desvinculado ya de las actividades en la radio.

Laboraba esa noche como fonotecaria, Rosalbita Bencomo, una joven alegre y muy querida en el colectivo.

Existía por esos años un programa en "Radio Guamá", denominado, "Onda 990", que era trasmitido de lunes a viernes, en el horario de nueve a doce de la noche.

Rosalbita padecía de una ligera miopía, lo que no le vetaba para realizar sus labores en la fonoteca con reconocida eficiencia. Pero tenía en su contra —o tuvo esa noche— que no lograba distinguir bien a las personas a distancia, Eso provocó la confusión.

En el programa "Onda 990", trabajaba un equipo de jóvenes entusiastas, que desbordaban alegría por todos sus poros.

Alrededor de las once de la noche, —una hora antes de finalizar la emisión—, y aprovechando un segmento de veinte minutos, grabado en esa ocasión con la contagiosa música de "Los Van Van", comenzaron los miembros del colectivo a bailar en la Cabina de Transmisiones, cosa que estaba por supuesto totalmente " PROHIBIDO", y " FUERA DE LUGAR" —como se consignó después en el acta acusatoria emitida por la dirección—, pues al menos que sepa yo, en ningún lugar o emisora del mundo, la Cabina de Transmisiones se ha diseñado para fiestar. Pero el equipo de "Onda 990" no lo creía así.

A la " cumbancha" y el "relajito", o al " llamado" de las pailas y tumbadoras que repiqueteaban, se sumó sin pensarlo ni una vez, nuestro amigo, Nicolás.

Es de suponer que este "baileteo", en la Cabina Central, se había formado como ya explicamos con anterioridad, de manera totalmente ilegal, y con la aprobación o al menos consentimiento, de quien se suponía, debía llamar al orden y velar por la disciplina, que no era otro que, "el contento", Nicolás, quien a su desbordante imaginación, —con más de 65 años en las costillas— une sus dotes, como "casinero" y excelente bailador.

Como medida de seguridad, por si algún jefe se aparecía, pusieron los "infractores", a vigilar en el pasillo central, desde donde se dominaba la entrada a la emisora, a la "eficiente", Rosalba y continuaron dándole rienda suelta a los pies y la cintura, ahora en un "trencito", formados uno detrás del otro, agarrados por la cintura y encabezado por Nicolás, que hacía de "locomotora mayor" —imitaba el pito del tren y todo— chú chú aaa..chú chú aaaa, chaca..chaca...chá— casi gritaba, dirigiendo a los demás. Sin dudas, había olvidado su responsabilidad al frente de "Radio Guamá".

Fue entonces que Rosalbita "vio" llegar al "personaje". Y comenzó a gritar eufórica mientras avanzaba con los brazos abiertos hacia el recién llegado.

—¡Vaya, caballeros! —gritaba para hacerse oír por los demás —¡Llegó el que faltaba! ¡Ahora si se puso buena la cosa! Llegó "Silver Convenchon "!

No se percataba la muchacha, convertida en custodio o "vigilante provisional", además no distinguía, las cien mil "murumacas" y señas, de la recepcionista y el CVP que se habían quedado prácticamente "congelados" en sus respectivos puestos de trabajo.

—¡El Silver llegó, muchachos!

Continuaba Rosalba entusiasmada, y haciendo bocinas con las manos en dirección a la puerta de la cabina, tratando, según ella creía, de anunciar la ˋpresencia del musicalizador de programas dramáticos, Silverio Aragón Muñoz, a quien por su condición de bajista del grupo "Los Brutos", que toca música de la década prodigiosa, apodamos , en la emisora, "Silver Convenchon", haciendo alusión a la famosa agrupación "Silver Convention", que sonó tanto en nuestro país en la década de los años ochenta.

Avanzó Rosalba con los brazos extendidos, dio dos o tres pasos más y casi choca con él.

¡Horror! ¡Miedo! ¡Desesperación! Tarde comprendió la muchacha que no se trataba de "Silver Convenchon", o Silverio Aragón, sino del mismísimo director provincial en persona.

Con cara de pocos amigos y resoplando por la ira, avanzó Sidney, seguido por Rosalba, muy asustada y nerviosa hacia la puerta entreabierta de la Cabina Central. El lugar parecía más que una Cabina de Transmisión, la pista de baile de un concurrido cabaret.

—¡Nicolásssss!

El grito autoritario y sin control de Sidney, estalló como dinamita en los oídos de los presentes, que inmediatamente suspendieron los cadenciosos movimientos, producidos al ritmo de "El baile del buey cansao".

"El Nico" se transformó inmediatamente de "locomotora", en "vagón del tren ", pues se desprendió de la cintura de otra de las integrantes del grupo a la velocidad de un rayo. Y entonces quedó con la boca abierta, sin saber que decir y totalmente paralizado.

— ¡Oooiga...Yo..Yo...la verdad… Es que —trató de explicar Nicolás, pero solo logró un incoherente gagueo, que aumentó más la ira del director de "Radio Guamá", quien, fatalmente para los presentes, concluyó:

— ¡No quiero explicaciones de ningún tipo! ¡Todos son responsables! ¡Qué indisciplina!, o mejor dicho. ¡Que re-la-jooo! Los espero mañana a las ocho en punto en mi oficina!

Y dirigiendo su vista para Nicolás.

— ¡Escúchame Nicolás! Los carnavales comienzan en el municipio cabecera la próxima semana. Oí decir que hay una convocatoria para dirigir algunas de las comparsas que van a participar. Si tú quieres, yo hablo con los de "La Construcción" que es de las mejores, para que te den la plaza. Con lo bien que tú bailas, allí, si debes dar un buen director —sentenció.

Cuentan que Rosalbita, pidió licencia no sé por qué motivo y estuvo más de un mes sin ir a trabajar a la emisora, y por supuesto, cuando lo hizo, ya nunca más volvió a oficiar en la nómina de los "vigilantes de confianza", del colectivo del programa "Onda 990 ", de "Radio Guamá". Algunos afirman que la sanción fue severa, y que de la fecha para acá, ninguno ha vuelto a bailar. Yo no lo puedo asegurar.

El final

Como ya escribimos al inicio, sería prácticamente imposible, atrapar en un volumen, el rico anecdotario de la radio pinareña en sus casi 75 años de existencia, y ha llegado el momento de la despedida, además, va siendo hora de terminar el libro, pues corremos el riesgo de que éste no llegue a tiempo a manos de los editores ,echando por tierra uno de sus objetivos principales, que es el de llevarlo a los lectores, cuando estemos celebrando en el mes de febrero, el 75 aniversario de la Radio en Vueltabajo.

A manera de colofón, aquí les van algunas " pinceladas " con pequeños "gazapos", acaecidos en la radio pinareña a través de los años.

En cierta ocasión, se transmitía desde el estadio de béisbol, "Capitán San Luis", un juego entre los equipos "Forestales", que era el local, y "Henequeneros" de Matanzas. Uno de los narradores de Cadena Occidental, era el larguirucho, Rafael Cao Fernández, quien se desempeñaba además como guionista, periodista y director de programas.

Le tocaba su turno al bate al lanzador pinareño, Mario Negrete.

Así fue que "disparó", Cao al éter, el soberano dislate.

—¡Tranquilidad en el estadio! Apenas estamos comenzando. Parte final de la segunda entrada. El juego cero a cero. Viene a consumir su turno al bate el pinareño, Jorge Negrete

Luego y haciendo caso omiso a los pellizcos, señal y todo tipo de avisos de sus compañeros en la cabina del estadio, remachó.

—Jorge Negrete batea para un promedio de... bla bla bla...

El narrador y comentarista deportivo pinareño, puso así a jugar pelota, nada más y nada menos que al mítico cantante azteca, muy famoso por sus "corridos, hupangos y rancheras," en los ya lejanos años cincuenta del pasado siglo. Esto le valió al espigado Rafael Cao Fernández, para que nuestro coterráneo, el también periodista y caricaturista, Pedro Viñas Alfonso, quien estuvo muchos años en la nómina de la revista "Bohemia", le dedicara una inolvidable "postal", en el suplemento, "Chin chín" del periódico provincial "Guerrillero", allá por los años 70.

Un poco más atrás en el tiempo, en los albores de la radio Vueltabajera, probó también suerte como narrador deportivo en la radio, un amigo muy querido por los que laboramos en "Radio Guamá", toda una institución y profesor de generaciones en nuestro medio. Nos referimos al periodista y locutor sanjuanero, José Escobar Delgado que se iniciaba en el difícil arte de la narración deportiva.

Narró con el batazo, muy emocionado, el futuro prospecto.

—¡Le tira y saca un roletazo por ahí mismitico.

Todavía a más de 40 años de aquella transmisión, le preguntamos al "ex-narrador"

—¿»Por dónde, Joseito? ¿Por fin por qué parte del terreno dieron el roletazo?

Y para cerrar con las "mini deportivas", aquí les va una de más reciente facturación.

La anécdota está aún lactando, o cuando menos en el salón dedicado a los parvulitos, pero estoy seguro que pronto se hará famosa, pues ya comenzó, como las otras en su tiempo, a circular de boca en boca, por los pasillos y oficinas de la emisora.

Hace unos días, realizaban el espacio, "Todo Deporte", que transmite "Radio Guamá" a las tres y cuatro de la tarde, los comentaristas Sebastián Ferrer Pimienta y "Kitín" Rodríguez Girado, de quienes ya hemos contado en páginas anteriores.

Llegó el momento del cierre del espacio y dados los créditos iniciales, se despidió así Ferrer Pimienta.

—He tenido mucho placer en conversar con ustedes. ¡Yo soy Kitín" Rodríguez....!

En el acto, sorprendido, protestó "Kitín", sin ocultar su enfado.

—¡Ven acá compadre! ¡Sí tú eres "Kitín" Rodríguez! ¿Quién rayos soy yo entonces?

Esto se transmitió en "vivo" o al "aire". No hay que decirles la cara que puso Luisito Montesino, el fraterno director de "Todo deporte", tan serio, siempre preocupado por su trabajo, y además, excelente realizador.

Israel Hernández Morera, ya fallecido, fue un consolareño que laboró esporádicamente como narrador deportivo y en plaza fija como locutor de "Radio Guamá". Generalmente era ubicado en horario nocturno, tocándole a él, "cerrar" las transmisiones de la planta. Este cierre se efectuaba a las doce en punto de la noche con los acordes del Himno Nacional.

Era práctica habitual en los años 80, que cuando salía "Al Aire" el programa de poemas y canciones del recuerdo, "Reencuentro" transmitido de once a once y cincuenta y cinco de la noche, y que venía "enlatado" o grabado, el operador de turno echara una "ligera pesquita" recostado a la consola, en tanto el locutor que hacía los cambios entre programas, aprovechaba para cubrir otras "urgentes" necesidades, como ir al baño, tomar agua o un cafecito, conversar brevemente en la recepción con una admiradora o admirador según el caso, y hasta para fumar un cigarrillo en el pasillo, en espera de que, ya próxima la despedida de las emisiones, el operador le avisara para concluir la jornada finalizando las emisiones del día. La cabina casi siempre permanecía con las luces apagadas o en semipenumbras para facilitar el momentáneo y "clandestino" descanso.

Pero sucedió, que una noche, ya casi rayando las doce y de forma apresurada le llegó el aviso al locutor por parte del operador, de que "aquello " estaba finalizando. Israel entro a la cabina aún oscura y terminado el breve boletín noticioso grabado que precedía al programa "Reencuentro", le dijo al operador que abriera "AIRE" y despidió las transmisiones Miento, creyó Israel que las despidió, pero no fue así.

Lo que realmente sucedió fue que se produjo un "bache" o silencio involuntario en la transmisión de "Radio Guamá" esa fatídica noche, pues unos veinte minutos antes, el técnico de guardia en el taller, que también tenía acceso a la cabina, había retirado el micrófono a solicitud del operador, para cambiarlo, pues el mismo estaba sonando "latoso", o con muchos agudos, y olvidando el horario del cierre de la planta, o tal vez despreocupado, o "entretenido", ¡vaya usted a saber! no lo había repuesto todavía.

El operador no hizo tampoco el reclamo, pues negligentemente se acostó a dormir, hasta que lo sorprendió la hora de la despedida.

Nada, que esa noche pinareña, romántica y llena de tintineantes estrellas, Israel Hernández Morera, despidió las transmisiones de la planta solamente para él y el operador de turno.

Se cuenta que ha sido el récord de "audiencia" más bajo que ha tenido la emisora por los años de los años. ¡No digo yo!

En la fonoteca de "Radio Guamá", laboró una muchacha, que en lo particular me gustaba mucho, aunque nunca tuve el suficiente valor para decírselo, y sinceramente siempre he creído que actué muy bien. No me reprocho nada. Su rasgo distintivo era que se llevaba bien con todos en la emisora y estaba dotada de un carácter afable y noble, destacándose además por una belleza singular.

Pero sucede que, como dice el dicho "nunca estamos completos ni nos acercamos a la perfección. Este "caramelito" sinceramente, en materia musical, no había rebasado ni siquiera los estudios de preescolar.

En cierta oportunidad la llamaron desde la Cabina Central, para que trajera un número musical que acababa de solicitar una oyente, por la vía telefónica en el espacio, "Discoteca Popular". A la muchachita, "Felo" Suárez, en su condición de director general de la emisión, le pidió una selección interpretada por la orquesta, "Riverside".

Salió ella para la fonoteca a cumplimentar el pedido y pasó más de media hora sin que regresara. Ya estaba por concluir la "Discoteca", cuando "Felo" Suárez, volvió a requerir, ahora con urgencia, la presencia de la fonotecaria y el rollo con la música en la Cabina Central. Cuando ella se personó, "Felo" le preguntó muy serio a "boca de jarro" y sin ocultar su molestia por la demora en el cumplimiento de lo solicitado.

—¿Me buscaste el número que te pedí?

—Mire, "Felo" —contestó respetuosa y muy apenada la muchacha, abriendo muchos los ojos, lo que hizo que su rostro se tornara, más bello y angelical —!La verdad es que lo he estado buscando desde que salí de aquí hace media hora! Oiga, esa orquesta "RIVERSAI", no aparece por ningún lado. No está ni en las carpetas, ni en los tarjeteros de la fonoteca.

"Felo" Suárez y los presentes no salían de su asombro, máxime conociendo que los estantes de la fonoteca estaban prácticamente atestados con cintas o discos de acetato con grabaciones de la orquesta "Riverside".

Alargó la muchacha uno de sus brazos en donde sostenía la cinta con varias grabaciones y entonces fue que soltó el "bombazo".

—Mire, le traje ésta que se parece bastante por si quiere utilizarla. Aquí hay quince grabaciones de la orquesta "Riverside", pero le juro por mi madrecita —aquí hizo la señal de la cruz—, que de esa "RIVERSAI", no hay nada en toda la fonoteca de "Radio Guamá".

177

Y Chirrín chirrán.

Nos vemos en el próximo volumen, porque modestia aparte, esto les debe haber gustado cantidad, o no lo hubieran leído hasta el final.

¡Nada señores ", es que las anécdotas en la radio, fueron, son y serán, en cualquier parte del mundo, para toda una eternidad.

Advertencia

Este libro de "Anécdotas de la Radio en Vueltabajo", fue realizado, sin el total convencimiento o autorización de sus protagonistas.

Cualquier trifulca, malestar, agresión personal, desorden público, demanda, u otro tipo de problema, que él mismo pueda ocasionar, será motivo de inspiración para nuevas anécdotas por parte de su escritor, que gustosamente, seguirá "viviendo del cuento".

El autor.

Agradecimientos

"Al periodista, Jorge López González, quien me alentó en todo momento para la realización del libro. A mi esposa Tania Acosta, por las noches enfrascada en la lectura del borrador, al licenciado Frank González y Arturo Castellano, que me facilitaron las fotos, a la periodista Idania Hernández por la revisión del texto, y a todos los que sacrificaron horas de su descanso, para hacer posible, que este acariciado proyecto de publicar, "Anécdotas de la Radio en Vueltabajo", se hiciera realidad.

Testimonio gráfico

Eliecer Valdés Valdés, operador de sonido y grabador.

Juan Antonio Rodríguez, locutor, fundador.

Adalberto Cabrera "El cuate", locutor, fundador.

Candelario Acosta, poeta de la CMAB.

Paulita Rubio, cantante CMAB.

El personaje Macho Villalobos, interpretado por Jesús Alvariño, de la serie de aventuras "Los tres Villalobos".Promocional de los años 50 cuando estaba en su apogeo en Pinar del Río.

Jesús Benítez Rubio "El Neno". Operador de sonido y locutor

Comercial de los Años cincuenta, con foto de Abilio Guerra, locutor del programa "Romance de Anochecer", transmitido por la Emisora CMAB

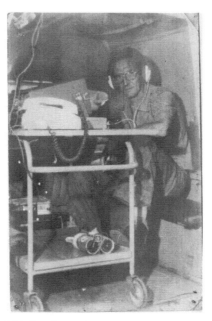

Eliecer Valdés Valdés, Operador de sonido y grabador. Aquí parece realizando un control remoto.

Estudio Teatro de la CMAB, Década de los años cincuenta

Comercial con foto del "Indio del Yumurí", poeta y trovador

Aparece a la izquierda Rafael "Felo" Suárez, operador de audio y director de música de "Radio Guamá"

Santiago Otero García, Operador de sonido y jefe del departamento de programación de "Radio Guamá", La foto fue tomada en los primeros años de la década de los 50.

Félix Lazo Acosta, Realizador de efectos manuales, (Efectista)

Carlos Suárez, musicalizador. El de los "Caballos que cacarean"

Jesús Padrón Palacios "Galán de Galanes", Actor y escritor de programas

A la izquierda, María Eugenia Borges, locutora "Radio Guamá"

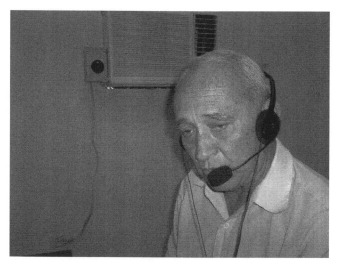

Sebastian Ferrer Pimienta, Narrador y comentarista deportivo de "Radio Gua-má"

Julio Duarte Alonso, Narrador y comentarista deportivo de "Radio Guamá"

El operador de sonido José Cabrera Torres en plena faena.

Aquí aparecen María Josefa Castro, July Puentes y José Escobar Delgado.

Juan José Rodríguez Girado "Kitin, narrador y comentarista deportivo"Radio Guamá"

Lic. Luis Hidalgo Ramos, Locutor, escritor y director de radio y televisión, Creador de la sonorización de la emisora "Radio Guamá", Profesor del Instituto Superior de Arte. Cuba

Juan Isidro Barrizonte Blanco "El Charro Quiroga", Actor y director de programa de radio.

Elina Pelegri Trujillo, Decana de locutores, y voz que identifica a la emisora
"Radio Guamá"

El autor en funciones de grabador

El autor en un evento nacional de programación dramática.

Uno de los premios obtenidos en el Festival Nacional de la Radio Cubana.

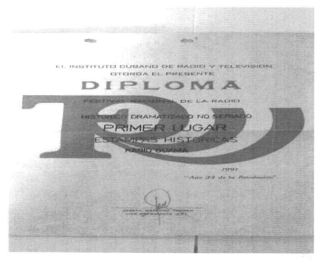

Más premios

El que más aprecio. No querían que concursara en provincia, pero lo envié por mi cuenta y riesgo y ganó en el Festival Nacional de la Radio Cubana.

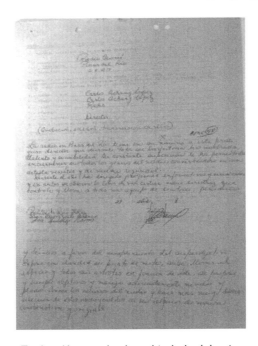

Evaluación anual sobre el trabajo del autor

Lázaro Delgado y del Castillo, Grabador "La llave doce"

Antonio Suárez Ramírez "Tony", en el Estudio Dramático de "Radio Guamá"

Frente de la emisora"Radio Guamá". Aparecen entre otros el camarógrafo "Pepe" Padrón, el custodio Alejo, y en primer plano "El flaco" Rafael Cao Fernández, periodista.

Actrices del grupo dramático de "Radio Guamá". Junto a la mesa del musicalizador, en primer plano, Niurka Fábrega, Marleys Torres, Silverio Aragón y Tamara Arronte.

Portada del Cancionero promocionando el programa "Festival del Sábado", aparecen de izquierda a derecha, Armando Ruiz Junquera, locutor sustituto, Román "Ele" Álvarez, Reinaldo León, José Cabrera, operador de sonido, y el autor.

Logotipo de "Radio Guamá", Emisora provincial, Pinar del Río.

Ómnibus utilizados para las transmisiones en exteriores de la emisora provincial "Radio Guamá".

Equipo de Realización del programa "Festival del Sábado", el segundo de izquierda a derecha Noel Fernández, locutor titular.

Sidney Borjas Calzadilla, Director del "Radio Guamá".

Carmen Daussá locutora especialista en programas infantiles.

Pasillo central de "Radio Guamá", al fondo la cabina de transmisión.

Frente de "Radio Guamá", emisora provincial, Pinar del Río.

Nicolás Martínez "Nico", Escritor y director de programas, especialista en programas infantiles.

Silverio Aragón Muñoz, "Silver Convenchon", musicalizador de la emisora provincial "Radio Guamá", y premiado en múltiples eventos nacionales.

Foto promocional para el cancionero del programa "Festival del Sábado".

Grabación en el estudio dramático de "Radio Guamá".
De izquierda a derecha, Eduardo Mora, el autor, y Félix Hernández.

Jorge López González, Periodista.

Juan José Rodríguez Morales, "Kito". Musicalizador del espacio, "La Novela".

Juan Gualberto Pérez Mena, Locutor y narrador del espacio de aventuras "La Flecha de Cobre".

Carlos Naya "El Chino". Periodista, actor y locutor CMAB.

Transmisión deportiva desde un estadio de béisbol sin identificar.

Luis Mujica Díaz, locutor fundador, especialista en programas campesinos.

Principales premios

- "LAS AGUAS DE TAITA DOMINGO" (Histórico Dramatizado).1er Lugar en el Festival Nacional de la Radio Cubana. 1990

- "EL CAYO DEL LEON" (Histórico Dramatizado).2do Lugar en el Festival Nacional de la Radio Cubana. 1992

- "SIN SALIDA" (Histórico Dramatizado. Seriado). 2do Lugar en el Festival Nacional de la Radio Cubana. 1993

- "EXCLUIBLE 786.962" (Testimonio). 3er Lugar en el Festival Nacional de la Radio Cubana 1997

- "ESTAMOS CONTIGO" (Revista Cultural Variada). 3er Lugar en el Festival Nacional de la Radio Cubana 1995

- "Fiebre de Caballos" (Novela Adaptada) Mención. Festival Nacional de la Radio Cubana 1994

Integrantes de la emisora pinareña

Relación por orden alfabético con nombres y apellidos de trabajadores de la radio pinareña desde su creación y que aparecen en el libro.

Aragón Silverio .... Musicalizador

Arencibia Humberto .... Actor

Achang Carlos .... Escritor y Director de programas

Achang Carmen .... Recursos humanos

Benítez Jesús .... Operador de sonido-Locutor

Borrego Abilio .... Chófer

Borjas Sidney .... Director "Radio Guamá"

Buergo Reynaldo .... Escritor

Bencomo Rosalba .... Fonotecaria

Barrizonte Juan .... Actor

Borges María Eugenia .... Locutora

Cao Rafael .... Narrador deportivo-periodista

Cabrera Adalberto .... Periodista- locutor

Callejas Pedro .... Escritor- Administrador

Concepción Eva Rosa .... Recepcionista

Carvajal Carlos Manuel .... Actor

Cabrera José .... Operador- Grabador

Corona Ramón .... Escritor-Periodista-Actor-Locutor

Caldoso Carmen María ... Directora programas Dramáticos

Duarte Julio .... Narrador deportivo-Periodista

Daussá Carmen ....Locutora

Deulofeu Ivón...Periodista

De la Cruz Luis Enrique ....Locutor

Díaz Mariuska ....Locutora

Elé Román .... Director de programas

Escobar José ....Locutor Periodista

Fonte Felicia ....Actriz

Felipe Nersys... Escritora- Actriz

Ferrer Sebastián...................................... Narrador deportivo

Fernández Noel...Locutor

Gutiérrez Alfredo.. Editor

González Víctor... Actor

García Armando..Locutor

Guerra José Antonio...................... Director "Radio Guamá"

Guerra Abilio...Locutor

Hernández Israel...Locutor

Herrera Teresita ....Actriz

Hidalgo Luís......................... Locutor-Director de programas

Izquierdo Sisi..Locutora

Lazo Félix ....Efectista

Llanes Isora..Actriz

Martínez Aurora ....Actriz- Escritora-Directora

Suárez Rafael ....Operador Sonido-Jefe de Música

Sandino Manolo ....Poeta repentista- Actor

Suárez Carlos.. Musicalizador

Tabares Adalberto................ Operador de sonido-Grabador

Valdés Eliécer .... Operador de sonido-Grabador

621.3 LOP Spanish

Anécdotas de la radio en
Vueltabajo

Made in the USA
San Bernardino, CA
26 June 2014